Herman van Rompuy

Christentum und Moderne

Herman van Rompuy

Christentum und Moderne

Werte für die Zukunft Europas

Aus dem Niederländischen übersetzt
von Karl Georg Cadenbach

Butzon & Bercker

Bibliografische Information der Deutschen Nationalbibliothek

Die Deutsche Nationalbibliothek verzeichnet diese Publikation in der Deutschen Nationalbibliografie; detaillierte bibliografische Daten sind im Internet über http://dnb.d-nb.de abrufbar.

Das Gesamtprogramm
von Butzon & Bercker
finden Sie im Internet
unter www.bube.de

ISBN 978-3-7666-1395-0
E-BOOK ISBN 978-3-7666-4135-9
EPUB ISBN 978-3-7666-4136-6

© 2010 Butzon & Bercker GmbH, 47623 Kevelaer, Deutschland,
www.bube.de
www.religioeses-sachbuch.de
Niederländische Originalausgaben: Het christendom een
moderne gedachte, © Davidfonds/Leuven 1990; Op zoek
naar wijsheid, © Davidfonds/Leuven 2007
Alle Rechte vorbehalten.
Umschlagmotiv: © Karsten Schmid – fotolia.com
Umschlaggestaltung: Christoph Kemkes, Geldern
Satz: Schröder Media GbR, Dernbach
Printed in Germany

Inhalt

II. Weisheit als Lebensziel

Vorwort

Mein vorliegendes Buch „Christentum und Moderne"
entstand in einem gesellschaftlichen Klima, das dem
Glauben im Allgemeinen und dem Christentum im
Besonderen eher distanziert gegenüberstand. Heute
bin ich stärker denn je davon überzeugt, dass das
Christentum die Antwort auf eine Sehnsucht der
Menschen und der Gesellschaft ist. Es sind nicht nur
mehr allein die Christen, die den weit verbreiteten
Individualismus und den damit einhergehenden
Materialismus mit Sorge betrachten, sondern alle,
die sich für die Gesellschaft verantwortlich fühlen,
machen sich Sorgen über die zunehmende Vereinsamung und die Verzweiflung, die sich aus ihr entwickeln können. Es sind daher nicht nur die Gläubigen, die diese geistige Leere wahrnehmen.

Die Folgen für den Bereich des Politischen offen-
baren sich u. a. im Populismus: Er macht sich das
eigennützige Denken der Wähler zu Nutze und be-
dient ihre Feindbilder. Äußere Feinde werden heran-
gezogen, um den Wähler darin zu bestärken, dass er
im Recht ist.

Auch ein ethisches Defizit ist zu beobachten.
Sichtbar wurde es in der letzten Finanzkrise, als das
Profitstreben einiger weniger beinahe zum Unter-
gang aller wurde. Glücklicherweise hat der Klima-

wandel zu einem Nachdenken geführt. So wurde deutlich, dass wir wählen müssen – zwischen Jetzt und Bald, zwischen Mein und Dein.

Mit seiner Tradition der Verbundenheit mit dem und der Hinwendung zum Anderen kann das Christentum ein Gegengewicht zu diesen Tendenzen unserer Zeit sein. Der Bedarf an sozialem und familiärem Kapital ist groß. Vereinsleben, Familien und beständige Beziehungen fungieren dabei als Antidot (Gegengewicht) gegen Vereinsamung und Verbitterung. Das Christentum hat natürlich kein Monopol auf diese Rolle des Gegengewichts, weder ideologisch noch faktisch. Dennoch gehört es zum Kern seiner Botschaft, sie wahrzunehmen. Auch Nicht-Gläubige bezeichnen die Liebe als transzendent: Sie übersteigt Menschen und verbindet sie dadurch.

Die größte Aufgabe dieses Jahrhunderts ist es, die Verbundenheit der Menschen untereinander im Kleinen zu stärken. Solidarität darf nicht auf die organisierten sozialen Sicherungssysteme begrenzt sein. Sie sind durch Gesetze erzwungen und durch Abgaben finanziert. Was wir brauchen, sind Freiwilligkeit und der spontane Einsatz für den Anderen um seiner selbst willen. Ohne diese menschliche Infrastruktur hat die strukturelle Solidarität auf Dauer keine Basis.

Wenn unsere Gesellschaft diesen Namen zu Recht tragen will, muss sie Bindungskräfte entwickeln. Sie muss ein Gefühl der Zusammengehörigkeit entwickeln, das sich nicht gegen andere richtet, sondern dem Wunsch entspringt, Gemeinschaft zu leben und Dinge gemeinsam zu tun. Unsere Zeit ist von Polarisierung und Aggression geprägt. Unter der Maske der Klarheit und Ehrlichkeit herrschen oft sinnlose Verhärtung und eine Verrohung der menschlichen Umgangsformen. Respekt vor dem Anderen ist eine Grundlage des Gemeinwesens. „Gesellschaft" muss „Gemeinschaft" werden.

Freilich – das Christentum ist mehr als nur ein ethisches System. Es darf nicht allein zum Aufbau der Gesellschaft beitragen. Die christliche Spiritualität, die sich auf den Anderen und auf „den ganz Anderen" hin orientiert, bleibt einzigartig, wenn sie authentisch gelebt wird. Es gibt aber auch eine Spiritualität der Laien, die das Sakrale im Menschen erlebbar macht. Spiritualität steht konträr zum Materiellen. Weil für das Christentum die Orientierung auf den Anderen und auf Gott als „den ganz Anderen" eine so zentrale Bedeutung hat, wird eine altruistische Ethik möglich.

Das Christentum kann und wird eine wichtige Rolle im spirituellen und ethischen Wiederaufbau spielen, dessen unser Jahrhundert bedarf. Vorausgesetzt, es gibt wirkliche Christen.

Brüssel, im August 2010

Herman van Rompuy

Einleitung

Es wirkt wahrscheinlich ein wenig seltsam, wenn ein Politiker ein Buch über ein eigentlich unpolitisches Thema schreibt. Er macht sich dadurch angreifbar. Als Person des öffentlichen Lebens verfolgt ihn alles, was er einmal gesagt hat. Seine politischen Gegner können seine Worte missbrauchen. Seine persönlichen, intimen Ansichten können ins Lächerliche gezogen werden. In anderen Ländern ist es durchaus üblich, dass Politiker öffentlich Zeugnis ablegen. Bei uns nicht. Doch gerade wenn die Zeit für solche Zeugnisse nicht reif ist, müssen wir dafür sorgen, dass sie reif für sie wird.

Andererseits gibt ein öffentliches Mandat Zugang zu einer großen Gruppe von Menschen. So kann auch eine unpolitische Botschaft eine breite Öffentlichkeit erreichen. Für all jene, die davon überzeugt sind, dass es so etwas wie eine „Pflicht" gibt, über die Dinge zu sprechen, die den Sinn unseres Lebens betreffen, ist der Zugang zu den Medien ein Privileg. Eine Flut von Berichten über vorübergehende, oberflächliche, anekdotische und spektakuläre Ereignisse umgibt uns und bestürmt uns derart, dass es nötig ist, das Schweigen über das Wesentliche zu durchbrechen.

Dieser Essay ist daher nicht politisch, oder, besser gesagt, er ist nicht politisch gemeint. Es sind Überlegungen eines christlichen Intellektuellen, der für Menschen seiner Art einen Platz in der heutigen Gesellschaft sucht und findet. Der Mensch lässt sich zwar kaum aufspalten, weder als Schreibender, noch als Leser. Der schreibende Politiker wird in Versuchung geraten, konkrete Zustände hinter allgemeinen Formulierungen zu verbergen. Dann und wann lässt er sich gehen. Der Leser wiederum wird dann und wann in einem Satz oder Wort eine Anspielung auf konkrete politische Zustände sehen. Manchmal zu Recht, meist jedoch zu Unrecht. Beide werden also versuchen müssen, sich auf ein höheres Niveau zu begeben – oder, besser gesagt, auf ein anderes.

Dabei muss der Leser wissen, dass diese Sätze mitten im Sturm der Dinge geschrieben worden sind, mitten im politischen Gefecht oder Scheingefecht. Der Autor eilt aus dem Trubel an den Schreibtisch, um schreibend zu denken oder seine konservierten Gedanken niederzuschreiben. Der Intellektuelle, der in uns schlummert, weiß, dass große Dinge nur in der „Langsamkeit" geboren werden können; dass eine Inkubationszeit nötig ist, bevor etwas entsteht, das sich lohnt. Doch das wird immer ein Traum bleiben. Der Zeitdruck nagt an uns. Jeden Tag sind wir unzähligen Eindrücken und Impulsen ausgesetzt, die der Verarbeitung und der Besinnung bedürfen. Die Medien gönnen uns diese Momente der Besinnung nicht; sie sind Akteure im Wahnsinn des Alltags. Doch mitten darin können große Projekte zustande kommen – für den Frieden, für Europa, für unsere Wirtschaftsbetriebe, die Benachteiligten, den Arbeitsmarkt und anderes. Es bleibt jedoch der Geschmack des Unvollendeten. Das gilt auch für dieses Buch. Der Leser muss bereit sein, zu verzeihen.

Postscriptum

Dieses Buch wurde an einigen Nachmittagen in der Stille der Benediktinerabtei von Affligem geschrieben, auf der Flucht vor dem Trubel der Brüsseler Wetstraat, beeindruckt von der Gelassenheit und der Gastfreundschaft der Mönche. Es wurde auch abends geschrieben, in der Polderlandschaft von Zuienkerke, zwischen Weihnachten und Neujahr, während die Kinder schliefen und nicht merkten, dass ihr Vater Seiten mit Dingen füllte, von denen sie nichts ahnten. Hoffentlich lesen sie sie eines Tages. Das Buch sei ihnen und meiner Frau gewidmet.

I. Der „christliche Intellektuelle" vor den Herausforderungen der Gegenwart

Intellektuell – und stolz darauf

Ein Intellektueller ist nicht einfach jemand, der studiert hat. Wäre diese Definition richtig, dann hätte es nie so viele Intellektuelle gegeben wie heute. Wir meinen, es ist mehr nötig, um jemanden zu einem Intellektuellen zu machen.

Ein Intellektueller hat eine ganz eigene Art, sich den Dingen zu nähern. Er interessiert sich für einen allgemeinen, grundlegenden Sinn der Welt, in der wir leben. Er sucht nicht nach dem Operativen. Zunächst möchte er verstehen. Das Handeln folgt erst später – und zu diesem Zeitpunkt tritt er nicht mehr als Intellektueller auf. Sein Vorgehen hat eine gewisse Unverbindlichkeit, kann aber andere in Bewegung bringen. Revolutionen beginnen immer mit Stift und Tinte.

So steht der Intellektuelle denn auch quer zu einem gewissen heutigen Zeitgeist. Allgemeinbildung ist heute weniger gefragt als Spezialisierung oder Technokratie. Das „Gratis-Denken" ist ein Fluch für das Streben nach dem eigenen Vorteil – ein Hauptmerkmal unserer Zeit. Der Intellektuelle, der

„uomo universale", ist daher selten geworden. Er interessiert sich für Literatur, Philosophie, Religion, Ideologien, für die Vergangenheit und die Zukunft. Er ist auf der Suche nach dem Sinn des Lebens oder dem des Zusammen-Lebens als ganzen. Auch wenn er einem Beruf nachgeht, der ihn fordert, denkt er als Intellektueller. Steckt er in der Haut eines Intellektuellen, dann ist er ein anderer Mensch. Der Intellektuelle, über den wir hier sprechen, ist also nicht allein der Berufs-Intellektuelle, der vom Unterrichten oder vom Schreiben lebt.

In Flandern galten Intellektuelle stets als sonderbare Wesen. Auf diesem Gebiet haben wir keine oder nur wenige Traditionen. Zu lange mussten wir um den Erhalt unserer Sprache kämpfen, um die Grundlage unserer Identität. So viel Kraft ist in Jahrzehnten und Jahrhunderten in diesen Kampf geflossen, dass nicht mehr genug übrig blieb für das, was wir mit dieser Sprache hätten in Worte bringen können. Ein alter Freund sagt mir oft, wie oft wir in Flandern „more brains" gebraucht hätten, mehr kluge Köpfe. Völker, die nicht um Sprache und Identität kämpfen mussten, konnten ein reicheres intellektuelles Erbe aufbauen.

Zudem ist der Flame vor allem ein Gefühlsmensch. Die lateinische Tradition der Rationalität liegt ihm nicht so sehr. Zugleich jedoch ist er nicht emotional genug, um vollends in die Irrationalität, in Angst und Leid zu verfallen, denen die Germanen oft unterliegen. Der Platz des Flamen ist in der Mitte: Er ist ausgeglichen. Manche meinen, mittelmäßig. Der Flame ist eher ein Dichter als ein Denker, eher ein Macher als ein Stratege. Das ist unser

Wesen. Und es gibt das Wesen eines Volkes. Es kann nicht wegdiskutiert werden, so schwierig es auch zu umschreiben oder zu fassen ist. Das Wesen eines Volkes kann sich entwickeln – verschwinden kann es nicht. Man schaue sich etwa die Nationalitätenfrage in der Sowjetunion nach siebzig, achtzig Jahren der Gleichschaltung und Unterdrückung an: „Treibt das Natürliche aus, es wird im Galopp zurückkehren!"

Der Intellektuelle ist also auch keine typisch flämische Gestalt, aber es gibt viele, mehr denn je in unserer Geschichte.

Der christliche „Sprung"

Christ sein in unserer Zeit ist eine ebenso heroische Aufgabe. Denn in Flandern hat sich der gesellschaftliche Druck umgekehrt: Einst stand am Rande der Gesellschaft, wer nicht praktizierender Katholik war. Heute dagegen gibt man nur ungern zu erkennen, dass man gläubiger Christ ist.

In den westlichen Ländern erlebt die Kirche derzeit die tiefste Krise ihrer Geschichte. Das abzustreiten oder schönzureden hat keinen Sinn. Dabei ist nicht die Wissenschaft der größte Feind des Glaubens. Lange schon haben wir den Fortschrittsoptimismus abgelegt, der uns hoffen machte, der Mensch sei allein in der Lage, die großen Fragen des Lebens zu beantworten. Nachdem der Ballast aus der Bibel – etwa die Aussagen zur Entstehung der Erde und des Menschen, die Schöpfungsgeschichte – ausgeräumt war, blieben die nackten Fragen nach Krankheit, Einsamkeit, Leid und Tod. Die Wissenschaft

17

dringt nicht einmal zu diesen Fragen vor und kann daher auch keine Antworten auf sie geben. Auch wenn die Faszination der Wissenschaften noch stets ungebrochen ist, wissen wir heute, dass wir nicht von ihr oder für sie leben können. Sie hat große Erwartungen ausgelöst, hat uns aber geistig und menschlich als Waisen zurückgelassen.

Der große Feind des Glaubens ist der Materialismus – oder eher die Abwesenheit tiefen Leids oder großer Not. Einst gab es im Christentum den Kult des Leidens und des menschlichen Makels. Sie ebneten den Weg zu Gott. Der Mensch durfte nicht glücklich sein. Heute dagegen *muss* er glücklich sein, obwohl „Glück" ein rarer Zustand ist. Glück ist gewissermaßen immer selten. Denn das Glück ist zu intensiv und daher flüchtig. Der moderne Mensch ist sorgenfrei: Hunger, Krieg und Krankheit sind ausgeschaltet. Es gibt genug zu essen, wir leben in Frieden, und die Medizin heilt oder stillt Schmerzen. Freilich, es gibt noch Armut, aber die ist in Westeuropa ebenso selten geworden wie es einst der Reichtum war. Für Vieles gibt es eine Lösung. Wer sich langweilt, kann von den Medien unterhalten oder zerstreut werden. Jeder kann fast sicher planen, wie groß seine Familie wird. Wer scheitert, dem hilft der Wohlfahrtsstaat. Und doch kann der Mensch sich vielfältiges Leid zufügen und tut das auch. Noch nie war seine Verantwortung für das eigene Glück so groß wie heute. Entsprechend schwer wiegen die Störfaktoren im Leben: Einsamkeit, Tod. Erstere ist das Los eines jeden, wenn er verlässt oder verlassen wird, wenn er, alt geworden, allein zurückbleibt. Der Tod ist der „letzte Feind". Der Tod ist das „Ur-Leid", das nicht ableitbare Leid. Das schreibt einer, der besessen ist von der Vergänglichkeit und vom Abschied. Ich fühle mich verbunden mit Anton van Wilderode, der, auf einem Soldatenfriedhof umherirrend, schrieb:

„Warum, so frag' ich weiter, warum
für wen und für was, so frag' ich weiter,
der Wind in den Buchenhecken
dreht meine Worte um und um."

Aber, wie gesagt: Vielem können wir ausweichen, Vieles vermeiden – im Lärm, im Getöse, in der Hast, im Erfolg, im Genuss. Doch sobald wir scheitern oder alles in sich zusammenfällt, ist der moderne Mensch verletzlicher denn je. In diesem Moment kann von den meisten nicht der Heldenmut des modernen Heiden verlangt werden, der dem unausweichlichen Schicksal gelassen entgegengeht und von Anfang an weiß, wie es ausgehen wird. Heldentum ist kein Merkmal unserer Kultur. Der Mensch von heute stirbt nicht. Er verschwindet in aller Stille, als hätte es ihn nie gegeben. Wir sind weit entfernt von dem Wissen, dass jeder von uns „eingezeichnet ist in die Hände Gottes".

Christ sein heute bedeutet also, ein Stück „aus der Welt" zu sein – in dem Sinne, dass der Christ sich die Werte der „Welt" wie Geld und Macht nicht zu eigen macht. Er ist „in der Welt" in dem Sinne, dass er die Schein-Werte der Welt überwinden möchte. Der Christ glaubt daran, dass der Tod überwunden ist. Er meidet das Leid nicht, auch nicht das der anderen, die der Hilfe bedürfen.

Der christliche Intellektuelle: eine aussterbende Spezies?

Der christliche Intellektuelle kombiniert also beide Eigenschaften und vermehrt so die Möglichkeiten.

Zum Christentum kommt man nicht allein durch rationales Überlegen. Mir ist durchaus bewusst, dass der Glaube eine rationale Grundlage hat. Die Frage nach Anfang und Ende, nach Alpha und Omega, kann nicht von der Naturwissenschaft beantwortet werden. Wäre das möglich, dann hätte die Menschheit den Zweifel schon lange eliminiert und wäre nicht durch die unterschiedlichen Antworten auf diese Grundfrage gespalten.

Wer metaphysisch auf der Suche ist, kann zum Sein des Seienden vordringen. Wer den Menschen anschaut und entdeckt, was für ein einzigartiges Wesen er ist, kann zu einem Gott vordringen, der nicht so grausam ist, dass er den Mensch mit all seinen Sehnsüchten gewollt hätte und ihn einfach sterben ließe, ohne dass er ihm begegnet wäre.

Oder ist die Menschheit lediglich ein Zufallsprodukt der Entwicklung der Materie, wie Monod denkt? Die Natur soll uns nicht gewollt haben. Wir irren als Fremde durch die Welt und kennen nach Monod weder das Ziel unserer Existenz, noch unsere Pflichten. Doch kann der Mensch im Vorhof des Glaubens warten, weil er den Schritt hinein nicht machen kann. Deshalb sagt man, dass der Glaube eine Gnade Gottes ist. Für den Nicht-Christen ist der Mensch schließlich Körper oder Material; sein Geist kommt mit ihm zum Stillstand. Zwar ist er einzigartig, doch verschwindet er für ihn ebenso wie der Rest. Für den Nicht-Christen ist diese Feststellung unausweichlich, und sie hindert ihn daran, den Sprung ins Leere auf Gott hin zu machen.

Das Christentum fordert indes noch mehr. Es spricht von einem Gott, der Mensch wird, der von einem Menschen geboren ist, unter uns gelebt hat, gestorben ist, begraben und auferstanden. Diese Menschwerdung ist datiert: vor etwas mehr als 2000 Jahren – nach Zehntausenden von Jahren, die der Mensch auf der Erde lebt, und Millionen Jahre nach dem „Urknall", aus dem unser Kosmos entstand. Warum damals? Warum so? Was erlaubt uns zu sagen, dass dieser Mann der Sohn Gottes ist, ja, Gott selbst? Haben wir genügend „Beweise" für seine Auferstehung? Wie viel wiegt das Zeugnis der Apostel nach seinem Tod? Das Christentum ist der Glaube an einen personalen Gott, nicht allein an eine Botschaft von Großherzigkeit. Das Christentum hat die Ethik der Nächstenliebe in die westliche Zivilisation gebracht (mehr noch: „Liebe deine Feinde!"), aber das ist an sich noch nicht ausreichend, um zu sagen, dass das Christentum „wahr" ist.

Und doch sagen wir, dass es wahr ist. Wie so viele vor uns machen wir diesen Sprung, der zum Teil auf der Vernunft beruht, zum Teil auf der Hoffnung, dass es wahr ist, und zum Teil darauf, dass es Teil unserer Natur ist, diesen metaphysischen Sprung zu machen.

Die Ablehnung der Religion selbst ist ebenso ein Sprung ins Leere, denn viele Zeichen und Fragen werden beiseite geschoben oder negiert. Auch der Atheismus ist ein Sprung. Manche überkommt er ebenso plötzlich wie die Bekehrung des Paulus. Plötzlich ist Gott weg. Das wird oft vergessen.

Ein Intellektueller, der Christ ist, kennt dieses seltsame Gefühl: Er möchte viele Gebiete tiefer kennenlernen, hat aber die Bescheidenheit zu sagen, dass er die Wahrheit über fundamentale Fragestellungen von einem anderen oder von „dem Anderen" erwartet. Für den Nicht-Christen ist diese Haltung eine inakzeptable Begrenzung der menschlichen Freiheit. Seiner Ansicht nach überlässt der Christ sich einem Anderen und bricht die Suche sozusagen ab. Für den Nicht-Christen ist das ein Zeichen von Schwäche. Seiner Meinung nach hat der Christ und der christliche Intellektuelle den heldenhaften Kampf des auf sich selbst gestellten Menschen aufgegeben. Der Christ seinerseits erfährt den Unglauben als Einschränkung seiner Freiheit, als ein Leben, das in der Enge des Suchens stecken bleibt, in der sterilen Auslieferung an den Tod.

Der Intellektuelle braucht sich tatsächlich nicht zu bremsen, wenn er sich für den Glauben entscheidet. Schließlich entginge ihm dabei ein weites Feld, das er mit dem spekulativen Denken und/oder der Wissenschaft nicht betreten könnte. Und mehr noch: Er nimmt das Irrationale auch auf anderen Gebieten an. Ich denke etwa an die Psychoanalyse und die große Bedeutung, die die Sexualität in ihr spielt. Ich denke an den Charme, den der Marxismus in den Sechzigerjahren des 20. Jahrhunderts für zahlreiche Intellektuelle hatte. War all das „bewiesen"? Heute wissen wir definitiv, dass die wissenschaftliche Analyse des Marxismus für unsere Zeit – und für die Vergangenheit gilt das Gleiche – irrelevant ist. Es wäre nicht korrekt, nur von „falsch" zu sprechen. Warum war es ehrenhaft, an Marx zu „glauben", nicht aber an Gott?

Manchmal frage ich mich, ob der „reine" Intellektuelle – also derjenige, der allein vom Denken und für das Denken lebt – nicht den Drang hat, sich gegen sich selbst zu stellen. Wissen zu erlangen ist ein spannendes Abenteuer, aber Denken führt manchmal zu Willensschwäche. Wer nachdenkt, ergreift selten Initiative. Der Intellektuelle ist kaum je Kämpfer für eine Sache. Seine Unzufriedenheit kann so stark werden, dass er sich gegen die Welt wendet, die er kennt. Der Marxismus bot eine ideale Plattform für den Destruktivismus. Alles geht kaputt, alles muss kaputt gehen. Nach dem Zusammenbruch kommt der Heilsstaat. Im Marxismus ist der Intellektuelle selbst ein bloßes Instrument des Arbeiters, der eigentlicher Träger des Klassenbewusstseins ist und durch seinen Kampf den Kapitalismus vernichtet. Nun, für diesen Typus des Intellektuellen war Gott das Symbol der alten Welt, die vernichtet werden musste. Gott war das Establishment.

Es gibt noch ein weiteres seltsames Phänomen: Die Konjunktur exotischer Kulturen und fernöstlicher Religionen oder Lebensvollzüge (etwa Yoga) bei gleichzeitiger Vernachlässigung der eigenen (christlichen) Kultur. Auch das ist für mich ein Zeichen dafür, dass ein (kleiner) Teil der Intelligentsia sich buchstäblich gegen sich selbst stellt.

Die Frage ist nun, warum die französische Intelligentsia – schon wieder – als erste dem Marxismus davonlief und Gott wieder zum Gegenstand des Gesprächs machte. Dort gilt es nicht mehr als „rück-

ständig", zu glauben. Gelassen spricht Bernard Pivot
in *Apostrophes* mit Schriftstellern, Laien und Priestern über Gott und Religion. Ich suche nach den
Gründen. Das Scheitern der Mairevolte hat der linken Bewegung das Genick gebrochen. Der Mai '68
hat unsere Kultur verändert, er hat Autoritäten geschwächt und die Freiheit des Einzelnen gestärkt.
Aber Marx hat er nicht zur Geltung gebracht. Dieses Fehlen einer Perspektive hat die enttäuschten Intellektuellen nach neuen Horizonten suchen lassen.
Ein zweiter Grund ist die Wirtschaftskrise der Siebzigerjahre, die in eine allgegenwärtige Kritik der
Herrschenden mündete. Opfer dieser Krise wurde
der Etatismus. Sein Scheitern riss zuerst den Marxismus mit sich. In der Folge verlor der Kommunismus
nach dem Bekanntwerden der Gulag-Konzentrationslager in der Sowjetunion auch den letzten Hauch
eines menschlichen Antlitzes. Schon der trostlose
Marxismus hatte einen Gegensatz zum vielseitigen,
sinnlichen und hyperaktiven Westen gebildet. Als
der Kommunismus sich auch noch als unmenschlich
herausstellte, wurde das letzte Argument hinfällig.
Der Tod von Marx schuf wieder etwas Raum für
Gott. Für Flandern kann das allerdings noch nicht
gesagt werden. Wir hinken wie gewöhnlich hinterher. Die kulturelle „Elite" Flanderns rechnet noch
immer mit der kirchlichen und religiösen Vergangenheit ab. Auffallend ist die virulente Freigeistigkeit vieler Angehöriger dieser Elite. Die Intoleranz,
die sie bei anderen verurteilen, ist zumindest gegenseitig. Als dem alten Gerard Walschap die Ehrendoktorwürde der Vlaamse Universiteit Brussel verliehen wurde, hielt er eine religionsfeindliche Rede,

die in anderen Ländern vor einigen Jahrzehnten durchaus noch aktuell gewesen wäre. Er wetterte gegen eine autoritäre Kirche, die es so kaum noch gibt, und gegen eine christliche Kultur, die zusammengebrochen war – nicht dank Walschap, sondern als Folge der Konsumgesellschaft. Die „Freiheit" haben nicht die Schriftsteller gebracht, sie ist eine Konsequenz von Verstädterung und Kommerz. In Flandern setzte die kulturelle Revolution der Entchristlichung später ein als in anderen Ländern. So wird Flandern auch später als andere Länder gewisse Werte wiederentdecken. Ein weiterer wichtiger Unterschied: Die geschilderte kulturelle Revolution hat die Massen nie so stark durchdrungen wie in anderen Ländern, und ein Gleichgewicht der ideologischen Kräfte liegt näher. Unter den Eliten ist ein zwar weniger augenfälliger, doch mit großem Ernst geführter Kulturkampf zu beobachten. Ich las ein Interview mit Hugo Claus, den man gern als „größten lebenden Schriftsteller Flanderns" bezeichnet. Darin heißt es: „Ich bekenne meinen Abscheu vor dem Katholizismus in abgenutzten Begriffen … Mitleid, das ist ein widerliches christlich-kulturell-katholisches Prinzip. Nebenbei – meine Wut auf die Kirche ist vollkommen irrational. Wenn das Wetter so lange schlecht ist, mache ich Simonis und Danneels (zwei belgische Kardinäle; Anm. d. Übers.) dafür verantwortlich. Auf sie wälze ich meinen Unmut ab."

Antoon Vergote sagte dazu: „Ohne jeden Zweifel stehen wir hier vor einem der seltsamsten Rätsel, mit denen die Religionspsychologie konfrontiert wird: Einige wenige Ungläubige pflegen gereizt auf

Religion zu reagieren; sie machen sie schlecht, ja hassen sie sogar. Die Gottesfrage bewegt den Menschen in der Tiefe. Sie zu ignorieren hat denn auch oft traumatische Folgen.

Der durchschnittliche akademisch gebildete Flame ist weder freisinnig noch ausgesprochen gläubig. Er lebt in einer turbulenten Welt, in der jeder darum kämpfen muss, seinen Platz zu erobern und zu behalten. Der Stress seines Alltags lässt nicht zu, dass er sich auch noch mit metaphysischen Fragen plagt. Ihm ist es eigentlich egal, er ist nicht dafür und nicht dagegen – das hat er mit anderen westlichen Menschen gemeinsam.

Wir leben in einer Welt voller Möglichkeiten, die uns in gewissem Sinne fesselt, aber nicht begeistert. Grund dafür ist der Individualismus, der stets kleinlich ist und somit das Gegenteil des Enthusiasmus darstellt. Der Intellektuelle ist hierfür sensibler als seine Umwelt. Lernen und Nachdenken sind einsame Tätigkeiten. Sollen sie fruchtbar sein, bedürfen sie der Abgeschiedenheit. Auch in einer Bibliothek sitzt jeder für sich in ein Buch vertieft. Der Individualismus hängt auch eng mit dem Kapitalismus zusammen. Jeder sucht seinen Vorteil, strebt nach seinem Gewinn. Auch am Staat hängt der Individualismus: Es gilt die Devise: „Ich bin nicht verantwortlich, denn die Gemeinschaft sorgt für die Armen, für die Umwelt, den Unterricht usw." Die verstaatlichte, auferlegte Solidarität tritt immer stärker an die Stelle der spontanen Solidarität der Menschen untereinander.

Der Individualismus ist auch eine Folge unseres hohen Wohlstandsniveaus. Darin baden wir und vergessen einander. Je mehr einer hat, desto eifersüchtiger wird er, und desto stärker nimmt er den anderen als Gegner oder Feind wahr. Der Zeitgeist verstärkt daher den fast natürlichen Individualismus des Intellektuellen.

Das große Zukunftsprojekt

Sein Einzelgängertum macht den Intellektuellen auch weniger sensibel für „große Projekte", die das Individuum per definitionem übersteigen. Gerade seit dem Niedergang des Marxismus hat sich auf diesem Gebiet Lustlosigkeit breitgemacht. Diese hat auch ihre guten Seiten, denn sie bewahrt davor, sich dem Irrationalen auszuliefern, das „großen Projekten" oft innewohnt. Andererseits ist die Notwendigkeit, dem Leben einen Sinn zu geben, etwas zutiefst Menschliches, ein Grundbedürfnis. Wird es nicht erfüllt, so bleibt eine Leere, die von jemandem oder einer Sache gefüllt werden wird. Durch wen oder was? Wer hat den Mai '68 im Frühjahr '68 vorausgesagt? Wer hat Mitte des Jahres 1989 den Fall der Mauer oder die Menschenmengen in Prag vorausgesehen? Die Leere der kommunistischen Gesellschaft wurde gefüllt durch neue Bewegungen, die quasi aus dem Nichts entstanden. Der Westen kennt große Projekte – allerdings solche, an denen das Volk und die Intelligentsia keinen Anteil haben.

Der europäische Einigungsprozess ist ein typisches Beispiel für solche Projekte. Was ist faszinierender, als die alten europäischen Länder zu einer wirklichen Großmacht zusammenzubringen, die eine Rolle in der Welt spielen und das Vakuum füllen kann, das die Sowjetunion und in gewissem Sinne die Vereinigten Staaten hinterlassen haben? Aber wo ist der Enthusiasmus?

Die ökologische Wende ist ein Thema, das die Menschen mobilisiert. Hier geht es buchstäblich um unser Überleben. Es ist wichtig für den Menschen, an einzelnen Orten gegen die Umweltverschmutzung vorzugehen. Doch die Bekämpfung der weltweiten Umweltverschmutzung in einem komplizierten sozioökonomischen Umfeld überfordert die Analysen der ökologisch ausgerichteten Parteien ebenso wie die Tatkraft der traditionellen Parteien und Organisationen. Die ökologische Wende muss ein positives Projekt werden, sie darf sich nicht in der Anklage des bestehenden Systems erschöpfen. Auf Negatives kann man nichts aufbauen. Es ist eine Herausforderung, an der ökologischen Wende zu arbeiten.

In einer verkrampften Gesellschaft herrschen auch oft negative Gefühle. Man sucht nach etwas oder jemandem, das oder der im Weg steht und weg muss. Wem es an eigener positiver Identität mangelt, der sucht sich vom anderen, „Minderwertigen", abzusetzen. Heute sind das die Migranten. Einst setzte man sich von den Herrschenden ab. Dass man sich heute gegen die Schwächsten wendet, ist Zeichen einer gewissen Rücksichtslosigkeit.

Diejenigen, die die geistige Leere nicht sehen, wollen sie nicht wahrnehmen. Ihnen erscheint der Versuch, die Leere zu füllen, als Rückkehr zum sogenannten Obskurantismus des Christentums. Das Gegenteil ist wahr. Eine Welt ohne Gott ist eine

Welt ohne Hoffnung. Verzweiflung blockiert die Vernunft. Der Mensch sucht einen Ersatz für Gott. Die größten totalitären Systeme des 20. Jahrhunderts, der Faschismus und der Kommunismus, waren denn auch areligiös und zutiefst irrational. Der Tod Gottes könnte durchaus den Tod des Menschen einläuten.

Ihr geistliches „Defizit" hindert die Gesellschaft oft daran, etwas Großes in Angriff zu nehmen. Wer von einer fundamentalen Hoffnung getragen wird, ist im Alltag aktiver und flüchtet sich nicht in Gedankenkonstrukte. Glaube schenkt Optimismus. Der Christ weiß, dass alles, was er hier unternimmt, eines Tages an anderem Ort vollendet werden wird. Ein Leben in eschatologischer Perspektive, im Blick auf morgen, hemmt das Engagement nicht, im Gegenteil. Wie könnte es auch – denn der soziale, wirtschaftliche und kulturelle Fortschritt hat seinen Ursprung in den alten europäischen Ländern, den Kindern der christlichen Kultur.

Der moderne Mensch ist nicht dazu geschaffen, nur in der Kommerzialisierung zu leben. Instinktiv versucht er, sich aus ihrer Umklammerung zu befreien. Ich fürchte eher, dass das brutale Irrationale und das Aggressive dann Einzug halten können, z. B. der Rassismus. Art und Weise und Zeitpunkt kenne ich nicht. Doch kann der Mangel nicht jahrzehntelang unerfüllt bleiben. Heute schon gibt es in unserer Gesellschaft eine verborgene Aggression. Die Kriminalität steigt deutlich an, im Kleinen und im Großen, im Haus oder auf der Straße. Die Nachfrage nach Gewalt in Wort und Bild nimmt stark zu. Viele Menschen leben in einer familiären Hölle, in der einer dem anderen ein Wolf ist.

Diese Aggressions-Impulse sind umso gefährlicher in einer Welt, die Atomwaffen hat. Niemand kann die Geschichte kontrollieren. Der flämische Kapuziner und Theologe Max Wildiers stellt die drängende Frage: „Kann man vernünftigerweise erwarten, dass ein aggressives, egoistisches und kurzsichtiges Wesen wie der Mensch die gewaltige Macht, die in seine Hände gelegt worden ist, auf vernünftige Art und Weise zu gebrauchen weiß?"

Wir müssen also versuchen, auf den Mangel eine positive Antwort zu geben. Bei dieser Sinngebung kann das Christentum eine entscheidende Rolle spielen. Es hat wieder eine Chance. Was müssen wir tun, damit es sie nutzen kann?

Ein modernes Christentum

Man selbst bleiben und/oder sich anpassen

Mangelt es einer Bewegung oder Idee an Erfolg, so gibt es stets zwei Tendenzen: Die eine strebt nach einem Weg zurück, weil man den Ideen des Anfangs nicht treu geblieben sei. Die andere sagt, dass man einem Zeitgeist nicht genügend Rechnung getragen habe, der nicht mehr zu den Ideen des Anfangs passt. Bei den Kommunisten gibt es die These von Georges Marchais, dem ehemaligen Generalsekretär der Kommunistischen Partei Frankreichs, der trotz aller Niederlagen am Stalinismus festhielt und auf bessere Zeiten hoffte, die nicht kommen ... In der Kirche gibt (oder gab) es die traditionalistische Strömung, die behauptet, alles Schlechte sei die Folge des Konzils. In ihren Augen birgt die Veränderung mehr Gefahren als der Stillstand. Zugleich hofft man auf eine verborgene orthodoxe Unterströmung im Volk, die schließlich trotz allem zum Vorschein kommen wird. Diese Unterströmung zu ignorieren trägt nach Meinung der Traditionalisten noch zur Erschütterung der Kirche bei. Man sollte also einfach auf bessere Zeiten warten und an der Orthodoxie festhalten. Wie immer liegt die Wahrheit in der Mitte.

Das Christentum bleibt in seinem Kern die ewige Wahrheit. Ohne Gott, ohne Christus, ohne Auferstehung, ohne Nächstenliebe gibt es keinen christlichen Glauben. Der ist mehr als romantisches Gefühl oder soziales Engagement. Zugleich jedoch gibt es das Lebensgefühl der Moderne, das neue Nöte offenbart – das Streben nach individueller Freiheit, die

Gleichstellung von Mann und Frau, die Skepsis gegenüber Autoritäten und so weiter. Milan Kundera lässt eine seiner Figuren sagen: „Das Schlimmste ist nicht, dass die Welt nicht frei ist, sondern dass die Menschen verlernt haben, frei zu sein … Wenn wir die Welt nicht verändern können, sollten wir zumindest unser eigenes Leben verändern und es in Freiheit leben … Lasst uns alles zurückweisen, was nicht neu ist." Das ist die gleiche Botschaft, die der große französische Dichter Arthur Rimbaud formulierte: „Man muss absolut modern sein." Für ihn bedeutete das dasselbe wie absolut frei zu sein.

Jede Phase einer Kultur bringt ebenso dauerhafte Errungenschaften wie kurzlebige Marotten hervor. So hält sich die Idee der Menschenrechte seit zweihundert Jahren. Wir akzeptieren jedoch nicht mehr die göttliche Autorität vorübergehender Herrscher, die völlige Abhängigkeit der Menschen von der Obrigkeit oder die Ordnung der Gesellschaft nach sozialen Klassen. Die Demokratie ist inzwischen tief in den Menschen verwurzelt. Diese Idee gewinnt heute in der ganzen Welt an Boden, auch in Ost-Mitteleuropa, wo man nicht an sie gewöhnt war oder sie noch nie gekannt hatte. Wer heute in der Kirche oder anderswo diese fundamentale Tendenz zur Demokratie verkennt, degradiert sich zur Sekte. Dann ist man zwar „rein", darf seinen Mitstreitern jedoch nicht vormachen, es kämen irgendwann bessere Zeiten. Wer sich vollständig vom Zeitgeist abkoppelt, begibt sich in die Marginalität. Nochmals: Das kann eine begründete Wahl sein – aber man muss den Mut haben, sich ihren Folgen zu stellen.

Die andere Strömung ist Sklave des Zeitgeists. Sie treibt ziellos auf den Bequemlichkeitstendenzen der Gesellschaft dahin. Sie rechnet mit den Gefühlen, die den Instinkten am nächsten stehen: Egoismus, Laissez-faire, Sicherheit, Bequemlichkeit, Intoleranz sind Emotionen, die zum Greifen nahe sind und an die man sehr leicht appellieren kann. Diese Gefühle sind Entgleisungen der Freiheit. Die Erfahrung lehrt, dass der Mensch von Oberflächlichkeit nicht leben kann, dass sich bald ein Mangel, ein „Defizit", einstellt, das gefüllt werden muss. Es sind auch Gefühle, von denen ein Einzelner vielleicht eine Zeitlang leben kann, keinesfalls jedoch eine Gemeinschaft. Eine Gesellschaft kann nicht auf der Summe individueller Instinkte gründen. Sie bedarf einer gewissen Ordnung, Disziplin, ja einer Art Zwang, damit das Ganze funktioniert. Instinkte zu beherrschen und zu kanalisieren ist Aufgabe der Ethik. Daneben gibt es den Staat als ordnendes Instrument und Garant der Harmonie oder eines höchstmöglichen Grades derselben. Die Konkurrenz auf dem Markt zwingt ihrerseits auch den Mensch dazu, sich anzupassen.

So muss das Christentum sich in die neue Welt einbetten, die entstanden ist. Diesen Versuch einer Einbettung hat das Konzil unternommen. Für die einen ging es zu weit und führte zu einer tiefgreifenden Erschütterung. Für die anderen ging es nicht weit genug und enttäuschte im Ergebnis. Auch hier ist meine Sicht sehr nuanciert.

Einerseits hat der nachkonziliare Katholizismus die Zeichen der Zeit nicht immer gut zu deuten gewusst. So gibt es neben dem sozialen Engagement

ein zunehmendes Bedürfnis nach dem Transzendenten und dem Sakralen. Ebenso gibt es neben dem
Lärm und dem Aktivismus ein großes Bedürfnis
nach Stille. Die Kirche von heute hat die Welt lediglich in eine Reihe von neuen Begriffen gefasst und
zu wenig berücksichtigt, was auf der anderen Seite
passiert.

Die Kultur der Stille

Die moderne Gesellschaft wird vom Streben nach
der größtmöglichen Sicherung der eigenen Interessen beherrscht: Gewinnmaximierung, Stimmen oder
Macht. In Demokratie und Marktwirtschaft gibt es
viele konkurrierende Machtpositionen; das Macht-
monopol ist verloren gegangen. Das ist beruhigend.
Oft freilich fehlt auch das moralische Korrektiv zur
Macht. Ich meine damit das bewusste Beschützen
des Anderen als Anderen. Die Abwesenheit dieses
moralischen Korrektivs gibt der Gesellschaft ihr
pragmatisches, habgieriges, herzloses und haltloses
Gesicht. Diese Triebe bringen die Menschen gegen
sich selbst und gegen die Zeit auf.

Eine weitere Eigenschaft der Menschen, die keine
Zeit haben, weil es für sie keine Ewigkeit gibt, ist die
Hast. Man will so viele Erfahrungen machen und
Eindrücke sammeln wie nur eben möglich, bevor
man in der tiefen Fallgrube des Todes verschwindet.
„Festina lente", eile mit Weile, dagegen ist Kennzei-
chen einer Gesellschaft, die von der Begrenzung der
Zeit befreit ist und „sub specie aeternitatis", im Licht
der Ewigkeit, zu leben versteht.

Der moderne Aktivismus hat auch einen noblen Zug. Der westliche Mensch arrangiert sich nicht mit dem Gegebenen. Er will etwas erreichen – wirtschaftlich, wissenschaftlich, kulturell und sportlich. Er ist expansiv. Das Wörtchen „genug" kennt er nicht. Prometheus lebt in ihm. Der westliche Mensch ist und bleibt ein Eroberer, heute indes friedlicher denn je. Er strebt nicht nach Krieg, wohl aber nach mehr Macht, mehr Geld, mehr Ruhm und so weiter. Adam Smith sagte mit Recht, dass Händler unschuldigere Menschen seien als Herrscher. Auf den Fundamenten der ökonomischen Dynamik baut man einen Wohlfahrtsstaat, der die Schwachen nicht im Stich lässt.

Indem er blind dem „Neuen", den „Neuigkeiten" hinterherläuft, kommt der moderne Mensch indes kaum zur Ruhe. Eine Überfülle an Eindrücken, Sinnesreizen, Verführungen und Herausforderungen erschöpft ihn, trotz der sogenannten Alltagsroutine (*metro-boulot-dodo*, U-Bahn – Job – Nickerchen). Kürzlich las ich ein treffendes Geständnis des bekannten Autors Henri Nouwen: „Ich hielt Vorträge darüber, wie wichtig Einsamkeit und Gebet sind, hatte aber kaum Zeit, allein zu sein. Ich hielt Vorträge über Mystik, konnte aber keine drei Stunden mit Gott allein sein, weil ich viel zu viel Stress hatte." Das erinnert mich an die Politiker, die über Familie sprechen, aber nie zu Hause sind ... Fast bin ich auch so einer. Dann hat die Kultur der Stille keine Chance. Das menschliche Herz braucht Ruhe und Gleichmut, um nicht zu zerbrechen. Manchmal muss es von Hast und Unruhe befreit werden. „Zu sich selbst" kommen nennt man das, was darauf hinweist, dass ständiger Aktivismus oft ein Mittel ist, sich selbst aus dem Weg zu gehen. Doch auch in der Freizeit und in der Entspannung ist der moderne Mensch oft Opfer einer Kunstwelt. Durch exotische physische und geistliche Übungen, durch forcierte Therapiesitzungen oder einfach durchs Herumlaufen will er frei flottierende Kräfte überwinden und den Frieden finden, zu-frieden sein mit sich selbst. Auch hier gibt es eigentlich einen anderen, natürlichen Weg: Den des Kontakts mit der Natur, mit Gott, mit den Menschen selbst, angefangen bei der eigenen Familie. Man braucht Disziplin, will man sich den Gesetzen der modernen Welt entziehen. Diese Übung jedoch ist nachhaltiger als alle weniger natürlichen Therapien. Aber: Echter, dauerhafter Friede mit sich selbst stellt sich nicht ein, wenn man nur ab und zu oder in Grenzsituationen auf Gott oder die Natur zurückgreift. Diese Rückgriffe müssen in ein Leben eingebaut werden, das stets vom Aktivismus geprägt bleiben wird. Manche werden sogar sagen, dass diese Harmonie letztlich eine noch höhere Rendite hat, weil sie den Verlust wettmacht, den Stress und Krise verursachen. Doch das ist nicht das Ziel.

Hat die Kirche all das verstanden?

In den Sechzigerjahren des 20. Jahrhunderts lief sie der modernen Zeit nach – zu einem Zeitpunkt, als viele fragten, ob wir nicht in verrückten Zeiten lebten. Erinnern wir uns an die Krise der Gesellschaft, deren Symptom der Mai '68 war und die durch die damaligen Ereignisse noch verstärkt wurde. Mich führt das zu der Erkenntnis, dass es keine Spezialität der Kirche ist, die Zeichen der Zeit zu erkennen. Das galt auch im 19. Jahrhundert, als wenige in der Kirche etwas vom Liberalismus, vom Sozialismus, den Menschenrechten oder der Demokratie verstanden hatten.

Typisch für dieses Unverständnis war die Reform der Liturgie. Die Kirche verstand, dass eine tote Sprache wie das Lateinische in der Welt der Massenmedien, die auf Einfachheit und unmittelbares Verständnis setzen, nicht länger Vehikel des Sakralen sein konnte. So entschied sie sich zu Recht für die Nüchternheit des Wortes, auch in der Volkssprache. Der Gläubige jedoch hat kein Bedürfnis nach einem Wortschwall in seiner eigenen Sprache, sei er gesungen oder gesprochen. Er muss in der Kirche zu Gott zurückfinden. Gott ist in dieser Welt so fern, dass wir uns extrem anstrengen müssen, um ihn wiederzufinden. Der Gläubige muss sich in eine andere Umgebung begeben, um dem Anderen zu begegnen. Schon eine Stunde später wird es schwierig sein, in Seiner Gegenwart zu bleiben und Seinen Geist auf die Arbeit und die Tätigkeiten des Alltags wirken zu lassen. Die Liturgie müsste sich auch in den Dienst der Stille stellen. Gott kann nur sprechen, wenn wir schweigen und das Stimmengewirr verebbt. Für das Heilige müssen wir empfänglich werden. Denn zwischen Gott und der Alltagswelt gibt es eine Zäsur, eine Hürde. Sie ist die unvermeidliche Folge einer Gesellschaft, die nach den Gesetzen der Konkurrenz funktioniert, wie wir sie jetzt und zukünftig erleben.

Manche hoffen, dass wir die westliche Gesellschaft und Ökonomie wieder auf ein menschliches Tempo reduzieren können und dass es nicht nötig sein wird, künstliche Inseln der Stille als Zufluchtsorte zu schaffen. In einer wirklich menschlichen Gesellschaft sind solche Rettungsanker ihrer Ansicht nach überflüssig. Die Frage ist nicht allein, ob es möglich oder gar wünschenswert ist, dieses Tempo der Menschen zu reduzieren. Eine Wirtschaftsordnung, die nicht von so etwas wie Konkurrenz geprägt ist, steht unter dem Regime der Obrigkeit. Letztendlich wird sie diktatorisch regiert. So geht noch mehr an Menschlichkeit zugrunde, selbst wenn das diktatorische Regime sich das Glück der Menschheit auf die Fahnen schreibt. Aus der Erfahrung Osteuropas wird zudem deutlich, dass eine solche Gesellschaftsordnung schlicht wider die Natur des Menschen ist. Menschen können nicht auf Dauer in Unfreiheit und Lüge leben. Jede Diktatur streckt ihre Tentakeln auf alle Aspekte der menschlichen Existenz aus. Sie unterwirft den Menschen, statt ihn zu befreien.

Die Lösung, die man in Westeuropa für dieses Problem gefunden hat, nennt man Soziale Marktwirtschaft. Sie mäßigt das Wettbewerbsprinzip durch das aktive Eingreifen der Institutionen und gesellschaftliche Verständigungsprozesse. Diese Formel ist, historisch gesehen, bislang die erfolgreichste. Ihre Schwächen sind inzwischen zur Genüge bekannt und ausreichend beschrieben. Ihre Vorteile werden vor dem Hintergrund des Zusammenbruchs des Marxismus in sozioökonomischer und menschlicher Hinsicht ebenso deutlich. „Die heutige westliche Zivilisation ist die bei Weitem freieste und humanste, die je existierte", sagt mein Lehrmeister Karl Popper. „Sie ist in der Lage, sich selbst zu verbessern. In der Vergangenheit haben viele Ideologien der Gesellschaft die Kraft abgesprochen, sich systematisch selbst zu verbessern. Dass dies dennoch möglich ist, ist eine neue und wichtige Erkenntnis."

Doch auch, wenn die Arbeitslosigkeit überwunden und unsere Umwelt sauber, sicher und gesund wäre, bliebe das oben beschriebene geistliche „Defizit". Unser Gesellschaftsmodell schafft eine Welt, in der der Mensch als solcher zu ersticken droht – auch wenn andere Modelle kaum den Mindeststandards genügen. Aber, wie gesagt, die Flexibilität des westlichen Menschen bleibt groß.

Die Kirche wird eine entscheidende Rolle in dem Prozess spielen, der unsere Gesellschaften menschlicher macht.

Die Großherzigkeit

Eine harte Welt kennt kein Mitleid. Der Nächste ist Konkurrent, Rivale, Feind oder oft, noch banaler, Fremder. Menschen in der gleichen Straße, Nachbarn, sterben, ohne dass sie voneinander wissen. Plötzlich steht der Leichenwagen vor der Tür, ganz in unserer Nähe, ohne dass wir realisieren, dass da jemand das allerletzte Abenteuer durchgemacht hat – das des Abschieds.

Auf den anderen zuzugehen erfordert eine Anstrengung. Im Alltagsstress herrscht graue Gleichgültigkeit. Wer denkt schon darüber nach, was in dem Mann oder der Frau vor sich geht, die buchstäblich neben uns stehen im Zug, in der Schlange, im Kaufhaus? Wovon, von wem träumen sie? Was haben sie durchgemacht? Wen lieben sie? Wer liebt sie? Welche tödliche Krankheit schlummert in ihnen? Wie lang werden sie noch leben? Vor allem: Was habe ich für einen von ihnen getan oder was kann ich tun? Das ist eine Gewissensfrage. Für den Geschäftsmann, für den Politiker, für alle, die Verantwortung tragen, und für alle anderen gibt es die Stimme des Gewissens. Lebe ich für die Vergänglichkeit meines Wortes, meines Körpers, meines Geldes – oder bin ich zu mehr fähig? Trete ich aus mir selbst heraus oder bleibe ich Gefangener meiner Selbsterhaltung? Zudem stellt sich eine heroische Frage: Tue ich alles, was ich kann? Bin ich in dem, was ich geben kann, zum Äußersten gegangen? Christus antwortet dem reichen Jüngling: „Verkaufe alles, was du hast, verteile das Geld an die Armen, und du wirst einen bleibenden Schatz im Himmel haben." Und dann kommt es: „Dann komm, und folge mir nach!" Oder das Beispiel der ersten Christen, die alles teilten. Oder das des Charles de Foucauld. Diese heroischen Wege stehen nur wenigen offen. Sie übersteigen die Kräfte des Durchschnittsmenschen.

Es gibt viele Möglichkeiten, dieser beklemmenden Frage auszuweichen. Ein Beispiel hierfür ist der Geschäftsmann, der sich selbst weismachen kann, dass er sein Unternehmen führt, um Menschen Arbeit zu verschaffen, oder dass seine Tätigkeit die sozialen Sicherungssysteme finanziert. Ich kenne einige Menschen, die aus dieser Überzeugung heraus arbeiten. Ich kenne andere, denen diese Motive als moralisches Alibi für Geld- und Machtgier dienen. Ein gewisser Typus des Politikers ist nicht in der Lage, sich für den Anderen als Anderen zu interessieren oder etwas für ihn zu tun. Die Etatisten reden sich

ein, dass es für soziale Probleme allein „strukturelle"
Lösungen gibt. Die rein menschliche Herangehensweise sei lediglich karitativ und biete keine dauerhafte Lösung. Die strukturelle Herangehensweise
indes verpflichtet niemanden, den Menschen ins Gesicht zu sehen und Anteil an ihrem Leben zu nehmen. Sie lässt zu, dass man gleichgültig bleibt und
doch ein ruhiges Gewissen hat. Die Erfahrung jedoch lehrt, dass die Sensibilität für die Menschen
stirbt, wenn es keinen lebendigen Kontakt mit ihnen
gibt. Eine abstrakte Welt aus Strukturen und Organisationen führt bald ein Eigenleben. Sie verkommt
zur Bürokratie, im schlimmsten Fall zur Schreckens-
herrschaft. Deshalb ist lebendiger Kontakt nötig.
Hitler schloss die Fenster seines Zugabteils, als er
verwundete und verstümmelte Soldaten sah, die von
der Front zurückkehrten.

Ein Merkmal des Christentums ist die Verantwortung des Einzelnen. Ich werde nach meinen Taten
beurteilt. Der Mensch muss sich verändern, sich be-
kehren.

In einer demokratischen Gesellschaft ist es in gewisser Weise unvermeidlich, dass die Gesetzgebung
soziale Züge trägt. Es herrscht das Gesetz der Masse:
Der Politiker muss sozial ausgerichtet sein, sonst
kann er nicht genügend Menschen für seine Sache
werben. Aber es gibt auch die Diktatur der Mehrheit, die viele Minderheiten aus dem Blick verliert.
Auch ein demokratisches Gesetz kann unmoralisch
sein – so einfach ist das. Ist der Andere der Feind
oder einfach nur der Andere, dann haben die am
Rande einen schlechten Stand, seien sie ungeboren
oder schon auf der Welt. Diese Tendenz äußert sich

in der Abtreibungsdiskussion und im zunehmenden Fremdenhass. Es gibt Menschen, die sich ein gutes Gewissen einreden, indem sie den Migranten vorwerfen, sich nicht oder nicht genügend anzupassen. In diesem Vorwurf liegt eine gewisse Wahrheit. Und doch ist da dieses dumpfe Gefühl, das den Anderen zurückweist, weil er anders ist als wir. Ein reicher, laizistischer Farbiger hat keine Probleme. Ein armer, religiöser und abweichend gekleideter stößt auf Widerstand. Je unsicherer der moderne Mensch (und auch der Christ) ist, je stärker er nach der eigenen Identität sucht, desto mehr neigt er dazu, Menschen und Gruppen zu suchen, die angeblich weniger wert sind und denen gegenüber er „jemand ist". In einer Gesellschaft, die sich anderen Kulturen gegenüber rational und strukturiert zeigen will, gibt es eine zunehmende Irrationalität. Es wird viel über unsere Identität gesprochen – in einer zerbrochenen und haltlosen Zivilisation. Freilich, dieses Zerbrechen ist Teil der Natur des Menschen, und doch ist es in manchen Zeiten deutlicher als in anderen. Das Seltsame ist, dass Zeiten der Wohlfahrt und des Fortschritts den Altruismus stärker auf die Probe stellen als Krisenzeiten. Wohlstand betäubt und verwöhnt, er bringt Habsucht und Neid hervor. Mangel dagegen setzt Großherzigkeit frei, denn man weiß, was es bedeutet, Schwierigkeiten zu haben. Auch diese These kann man nuancieren. Doch zeigt die Erfahrung, dass sie viel Wahres enthält.

Der Christ darf seine moralische Haltung nicht von der Konjunktur abhängig machen. Seine Moral ist zeitlos. Er muss leben, als sei er „nicht Jude oder Grieche, nicht Sklave oder Freier, nicht Mann oder

Frau", im Bewusstsein, dass alle Menschen gleich viel wert sind. Diese Einstellung erfordert Anstrengung, weil sie bis zu einem gewissen Grad der menschlichen Natur zuwiderläuft, die auf die Selbstbehauptung ausgerichtet ist. Die Nächstenliebe ist die ständige Überwindung des Selbsterhaltungstriebs. Die Ethik ist Korrektiv der Biologie. Auch der moderne christliche Intellektuelle muss sich darüber im Klaren sein. Allzu oft treibt er auf den Wellen seiner Zeit dahin, zu denen die Xenophobie, die Angst vor dem Fremden, gehört.

Jede Gemeinschaft hat ein Reservoir an Großherzigkeit. Die christliche Welt besitzt kein Monopol auf diese Tugend. Junge Entwicklungshelfer lösen unsere Missionare ab. Ärzte ohne Grenzen helfen mit wirklicher Todesverachtung. Die karitativen Organisationen der Kirche stehen neben und zwischen anderen. Das ist gut so. Auf vielen Feldern, wo es um den Kampf gegen menschliches Leid geht, haben die Christen nicht mehr die „Leitung". Sie sind nicht die Ersten, die helfen. Ich denke an die Aids-Patienten. Auf zahlreichen anderen Gebieten dagegen löst niemand die Christen ab. Man schaue nur auf die Situation geistig behinderter Menschen. Die Sorge für sie fordert von den Ordensleuten oder Laien großen Einsatz und große Selbstlosigkeit. Einem scheinbar heillos Verwirrten beizustehen erfordert fast übernatürliche Hingabe. Manchmal frage ich mich, ob das ohne Hilfe von „ganz oben" möglich ist.

Das Reservoir an Großherzigkeit ist unverzichtbar für eine Zivilisation, die diesen Namen verdient. Man sagt zu Recht, dass sich der Entwicklungsstand einer Zivilisation danach bemisst, wie sehr sie sich um den Nächsten kümmert. Es gibt noch so viel Unrecht, Armut und Vereinsamung, dass unser Gewissen nicht ruhen darf.

Die Frage ist, ob diese Tugend der Großherzigkeit sich auf lange Sicht ohne eine religiöse Basis durchsetzen kann. Die Antwort ist: Nein.

Strukturen verändern nicht alles. Im Gegenteil. Der menschliche Faktor bleibt entscheidend, wie fremdbestimmt er manchmal auch sein mag. Erziehung, gute Vorbilder, die Weitergabe von Werten ganz allgemein, bleiben ungeheuer wichtig. Ihre Vehikel sind Familie, Unterricht und die Medien. Sie alle werden inspiriert vom Glauben.

Mehr denn je: die Familie

Die größte Revolution des 20. Jahrhunderts war die der Familie. Biologie und Medizin haben die Fruchtbarkeit beherrschbar gemacht, die Kindersterblichkeit zurückgedrängt und die Lebenserwartung deutlich erhöht. Die Frau wurde zum Glück weniger abhängig vom Mann und von der Natur. Die Philosophie des Fortschritts und der Demokratisierung verschaffte der Frau einen Platz im sozialen und ökonomischen Gefüge. Auch wenn dieser Prozess noch nicht beendet ist, hat sich doch bereits ein tiefgreifender Wandel vollzogen. Die Familien werden kleiner. Bis zum Jahr 2040 wird die flämische Bevölkerung von 5,6 Millionen im Jahr 1990 um eine Million zurückgehen. Von der mächtigen Bundesrepublik Deutschland bleiben im Jahr 2040 noch 40

Millionen Einwohner. Weil die Familien kleiner werden, nimmt ihr Wohlstand proportional zu. Es gibt weniger Leid, weil Krankheit und Tod seltener vorkommen. Es gibt mehr Spannungen, weil das Leben unsteter ist, weil Gleichheit schwieriger ist als Hierarchie, weil es in einer offenen Welt mehr Herausforderungen und Verführungen gibt als in einer geschlossenen. Eines der größten Probleme unserer Zeit ist, dass die Familie in fast allen westeuropäischen Ländern seit den Siebzigerjahren des 20. Jahrhunderts, zehn Jahre nach dem größten demographischen „Knick" in der Geschichte der Menschheit, immer stärker auf dem Rückzug ist. Es hat keinen Sinn, diesen Prozess zu ignorieren. Die Instabilität der Familie destabilisiert den Menschen. Zwar gehört ein gewisser Egoismus zur Natur des Menschen, doch kann er nicht gänzlich allein leben. Einsamkeit ist tödlich. Das Bedürfnis nach einem erfüllten Gefühlsleben kann nur befriedigt werden, wenn man selbst etwas gibt. Diese Hin-gabe ist essenziell. Ist die Bewegung einseitig, entsteht ein Missverhältnis. Eine ebenso wichtige Wahrheit ist die Tatsache, dass der Mensch durch Vorbilder geformt wird. Das wichtigste Vorbild eines heranwachsenden Kindes bleiben seine Eltern. Es ist bezeichnend, dass die Zahl der Schulkinder mit Lern- oder Beziehungsproblemen im gleichen Maße zunimmt wie Familienstrukturen zerbrechen. Jeder Lehrer wird das bestätigen. Es hat keinen Sinn, diesen Zusammenhang zu bestreiten. Früher kam der Lehrer zu den Eltern, wenn er oder sie Probleme mit dem Kind hatte. Heute kommen die Eltern zum Lehrer. Zerbrochene Familien brauchen Hilfe. Gesunde Familien brauchen Bestärkung. Auch hier ist das „moralische Signal" in Richtung der Gesellschaft wichtig. In den Familien wird die Schlacht geschlagen, hier entscheidet sich, ob wir in einer hartherzigen Gesellschaft leben werden oder in einer, die von menschlicher Wärme und echter Solidarität geprägt ist. Hier liegt die Quelle der Erneuerung oder der Pathologie der Menschheit. Die Umwelt unserer Zeit ist auch die Familie.

Ein Mensch, der nicht weiß, was Harmonie war oder ist, ist anfälliger für Irrationalität als andere. Er oder sie wird schneller aggressiv, empfänglich für Exzesse und Parolen. Die gesellschaftliche Instabilität steht und fällt mit der Familie. Auch hier kann oder darf die Politik nur eine eingeschränkte Rolle spielen, obwohl – gerade in materieller Hinsicht – eine familien- und kinderfreundliche Politik nötig ist. Die Politik kann zwar helfen, die Familie zu zerstören, sie ist jedoch weit weniger in der Lage, sie aufzubauen. Bildung und die Ermutigung zur Selbstbildung sind hierfür entscheidend. Die Familie gibt Werte weiter, muss aber selbst empfangen. Unterricht, Kulturschaffende, Künstler, die Medien, Vereine etc. können dabei eine wichtige Rolle spielen. Ihre Aufgabe ist es unter anderem, eine Botschaft der Harmonie, des Gleichgewichts und der Liebe zu vermitteln. Der moderne Mensch braucht „warme Stabilität". Nicht jede Botschaft muss ernst oder moralisierend sein; der Unterton muss Hoffnung geben.

Die Botschaft der Medien

Die größte Verantwortung liegt heute bei den audiovisuellen Medien. Kommerz oder Politik können nicht das einzige Kriterium sein. Auch hier muss der Gedanke durchklingen: Was nützt dem Menschen? Mache ich ihn besser oder schlechter? Ein chaotisches, destruktives oder sarkastisches Bild von den Geschehnissen der Welt vergiftet die Geister, das ist eindeutig. Der Mensch ist formbar und leicht zu manipulieren. Politiker wissen das allzu gut. Weil das so ist, muss man mit dieser Tatsache sehr vorsichtig umgehen. Manche Regime ließen ihre Soldaten Tiere quälen, um ihnen jedes Gefühl zu nehmen, wenn sie Menschen erniedrigen und misshandeln würden. Auf eine etwas „unschuldigere" Weise sind die Medien in der Lage, Gutes und Schlechtes zu banalisieren. Die Grenzen der Ehrfurcht vor menschlichen Gefühlen, Ansichten, Körperlichkeit und Ehre lassen sich leicht verschieben. Ehe man sich's versieht, entwickeln sich ein anderer Menschentyp und ein anderer Typus von Gesellschaft: Hartherzig gegenüber dem Anderen, unmenschlicher.

Das ist kein Plädoyer für Engstirnigkeit gegenüber den Medien, sondern eines für Ausgewogenheit und Respekt. Das Herz des Menschen darf nicht emotional austrocknen, aber es darf ebenso wenig ständig von Neuigkeiten und Nachrichten bestürmt werden. Auch hier bedarf es der Ausgewogenheit – ein Kernbegriff unserer griechisch-lateinischen Erziehung. Ausgewogenheit ist das beste Mittel gegen Angst. Sie hält die Tür zum Anderen offen. Unausgewogenheit wirft den Menschen auf sich selbst zurück und kapselt ihn ab.

Die Frage: Warum?

Der Intellektuelle hat also die Aufgabe, an dieser Wertevermittlung zu arbeiten. Oft ist er beruflich in einer Position, in der ihm das eher möglich ist als anderen Menschen. Zunächst jedoch muss er einen festen Grund in seinem Leben schaffen. Wer heute Verantwortung trägt, hat meist ein unstetes Leben, ist oft auf Reisen und sieht sich mit vielfältigen Problemen konfrontiert. Viele Menschen „werden gelebt". Dieses Leben ist nicht der Königsweg zu einem festen Grund. Wer so lebt, muss nach dem Vorbild von Dag Hammarskjöld, dem früheren Generalsekretär der Vereinten Nationen, inmitten aller Unbeständigkeit Raum in seinem Herzen schaffen. Für ihn war diese Entscheidung radikal. Er stellte sich immer wieder die Frage, was Gottes Wille sei. Hammarskjöld lehnte die Einteilung der täglichen Aufgaben in geschäftlich-offizielle und privat-religiöse entschieden ab. Er lebte kein Wochenend-Christentum, so wie einige finanziell erfolgreiche Ex-Marxisten einen Wochenend-Sozialismus beibehalten, in dem sie mit der einen oder anderen Befreiungsbewegung sympathisieren. Hammarskjöld fand einen Sinn für sein Leben, weil er sich einen Anker schuf. Viele Führungspersönlichkeiten neigen dazu, sich in pragmatischen Problemlösungen zu verlieren. Aber fragt man sich auch, wozu das alles führt? Diese Öffnung kann nur vollziehen, wer sein Herz für das Höhere geöffnet hat – das jedenfalls war die Erfahrung Dag Hammarskjölds. Es ist auch meine Erfahrung. Wer das Nachdenken und die Besinnung aufgibt, ist für eine solche Öffnung verloren. Wer aufhört, literarische oder philosophische Literatur zu lesen, wer Kultur oder Kunst nicht mehr aufnimmt, vertrocknet und verarmt. Denn diese Dinge spornen zur Reflexion an. Durch sie gewinnen wir Abstand von uns selbst und unseren Problemen. Platon sagte: „Philosophieren heißt Sterben lernen", weil man beim Nachdenken ein Stück von sich selbst zurücklassen muss. Diese Worte prangern moderne, bereits verfestigte Gewohnheiten an. Schließlich ist die Alternative zur Erwerbsarbeit vor allem die sogenannte Entspannung, nicht die Anspannung des Geistes. Wie gesagt, es gibt ein tief verwurzeltes Bedürfnis nach Tiefgang, das jedoch überwuchert ist. Es ist deshalb an uns, dieses Bedürfnis freizulegen und Antworten zu geben.

Ein Intellektueller bleibt nicht automatisch ein Intellektueller. Wer nicht nachdenkt oder sich in eine Situation bringt, in der er nicht mehr – etwa angeregt durch Lektüre – reflektieren muss, verarmt und verdorrt. Das ist die größte Bedrohung, der die Intelligentsia heute ausgesetzt ist. Der Mangel an Sinngebung und Vision ist typisch für die Technokratie.

Die Technokratie ist eine pragmatische Lösung. Zugleich ist sie hoffnungslos. Sie entlässt uns aus der Frage nach dem „Warum". Die Welt der Statistiken, der Reisen, des Bewältigens von Papier und Wind, selbst des Führens ist greifbar. Nach all dem bleibt die Leere, und man steht vor Entscheidungen, die große Auswirkungen auf Herz und Verstand haben.

Und doch wiegt die technokratische Aufgabe enorm schwer, wenn sie das Einzige im Leben ist. Der Kampf um die Karriere und das Verteidigen einer Position bemächtigen sich des Menschen so stark, dass er nicht mehr in der Lage ist, über die Mauer in eine Welt zu schauen, die ihm offensteht. Wer nur seine technokratische Aufgabe hat, muss von Natur aus stark sein, um nur aus ihr heraus zu leben. Ein intensives Leben kann nur führen, wer seinen Beruf in einen umfassenden Lebensrahmen spannt. Dann lässt sich das Leben auch in eine andere Richtung bewegen, wird individuelle Sinngebung möglich. Viele müssen ihren Geist wieder öffnen.

Es reicht auch nicht aus, das eigene Leben zu „heiligen", um Ruhe zu finden, wie einige gut meinende Katholiken behaupten. Ihrer Meinung nach kann man jedweden Beruf ausüben, wenn man sich daneben um sein geistliches Leben kümmert. Die Sinngebung, die aus dem Glauben erwächst, hat Folgen für die Dinge, die man tut.

Das Vermeiden der geistlichen Leere bedeutet indes nicht, dass man sich völlig dem Emotionalen oder Spirituellen hingibt. Wir müssen stets eine gewisse Zurückhaltung üben: Bindungen leben, ohne völlig gebunden zu sein – sowohl in Bezug auf Menschen, als auch in Bezug auf Tätigkeiten. Es ist auch nicht gut, ein „fou de Dieu", ein Narr Gottes zu sein. Gleichgewicht fordert Selbstbeherrschung. Der Feind des Gleichgewichts ist die Einseitigkeit. Der Fanatismus ist lediglich ihre mittelbare Konsequenz.

Ost- und Westeuropa: Wer ist das Modell für wen?

Der reine Intellektuelle neigt oftmals dazu, egozentrisch zu sein. Studieren ist eine individuelle Tätigkeit, die den sozialen Umgang nicht fördert. Das Frustrierendste am Wissen ist, wenn man feststellt, dass viel Wissen nicht notwendigerweise zu viel Geld und/oder viel Macht führt. Dieses Gefühl ist weiter verbreitet als man denkt. Auch Journalisten können ihm unterliegen. Viel zu studieren oder zu denken geht denn auch oft zu Lasten des Charakters. Der Intellektuelle kann dann eine Haltung der hochmütigen Verächtlichkeit oder der Verbitterung entwickeln.

Ein Höhepunkt dieser Haltung ist die linke Strömung, die das intellektuelle Klima Westeuropas fünfzehn Jahre lang geprägt hat. Sie ist verebbt, zunächst in Frankreich, und sie wird auch in Flandern als einem der letzten Länder verebben. Zu unserer Entlastung können wir sagen, dass wir erst spät aus einer christlichen Tradition „erwacht" sind. Die „Emanzipation" dauert also länger …

Der Gnadenstoß für viele Linke ist zweifellos die Revolution in Ost-Mitteleuropa. Die Aversion gegen unser politisches und sozioökonomisches System saß und sitzt in diesen Kreisen so tief, dass es fast bis zur Mitte des Jahres 1989 geboten war, über die Erfahrungen des Kommunismus „nuanciert zu sprechen". Wann immer von den „Mängeln" des Marxismus die Rede war, hatte man eine Antwort über die Misere Westeuropas oder (lieber noch) der Vereinigten Staaten parat. Die beiden Systeme wurden miteinander verglichen, als könnte man eine Demokratie und ein totalitäres System auf eine Ebene stellen.

Selbst ein so nobler und gutmeinender Mann wie der erste Träger des Wirtschaftsnobelpreises, der Niederländer Jan Tinbergen, sprach schon dreißig Jahre lang über die Konvergenz der beiden Gesellschaftssysteme. Die einen sollten schon in den Sechzigerjahren des 20. Jahrhunderts auf dem Weg in die Marktwirtschaft gewesen sein, die anderen seien dabei, die Vorzüge der Planwirtschaft zu entdecken. Das ist ein typisches Beispiel für Wunschdenken, aber ebenso für ideologische Vorurteile. Heute wissen wir, wie weit der Ostblock von unserer Sozialen Marktwirtschaft entfernt war und wie tief das Wohlfahrtsgefälle ist. Die Konvergenz hat nur in den Köpfen der Linken im Westen existiert. Die Menschen in Osteuropa selbst nahmen außerdem nicht nur die wirtschaftliche Vormachtstellung des Westens wahr, sondern vor allem ihren eigenen Mangel an Freiheit. Der Unterschied zwischen West und Ost ist nicht die Höhe des Bruttoinlandsprodukts, sondern vielmehr die Werte, die der Gesellschaft zugrunde liegen – kurz, der Unterschied zwischen menschlich und unmenschlich. Die jungen Ostdeutschen flüchteten nicht, weil sie Hunger litten, sondern weil sie nach Freiheit dürsteten. Sie haben die Berliner Mauer durchbrochen, wie einst Josua die Mauern von Jericho unter seinen Posaunenklängen fallen sah.

Im Moment, da das marxistische System in sich zusammenfällt, höre ich hier das Gemurmel, dass wir nicht in Euphorie verfallen dürfen. Die einen warnen uns vor den eigenen Schwächen, die anderen davor, die „Stabilität" Europas zu untergraben. Im Namen dieser Stabilität haben wir vierzig Jahre lang nichts gegen die Diktaturen unternommen – im Gegenteil, wir haben sie gestärkt. Wir konnten kaum etwas tun, ohne dass das Risiko eines Krieges bestanden hätte, aber fast nie war Kritik zu vernehmen an der Barbarei von Systemen, die ihre Bürger als Geiseln hielten, oder an der Kolonialisierung europäischer Völker durch die Sowjetunion. Heute herrscht die große Heuchelei, und einer übertrumpft den anderen mit dem Fall von Diktaturen. Jeder prahlt mit dem Sieg seiner Ideen in jenen Ländern. Ein Test: Wer unterstützt die Demokraten in China nach dem Massenmord im Juni 1989? Wetten, dass der Westen schweigt und Handel treibt, bis die Chinesen selbst ihre Herrscher davonjagen? Der Westen hat nicht den geringsten Anteil am Zusammenbruch des Marxismus. Die Europäische Gemeinschaft haben wir nicht als Anziehungspol für den Osten geschaffen, sondern weil wir unseren eigenen Wohlstand mehren und den Frieden zwischen Deutschland und Frankreich festigen wollten. Die Gemeinschaft hat andere zwar fasziniert, das war aber nicht beabsichtigt.

Der Marxismus und seine Spielarten sind seit 1989 Geschichte, ebenso wie der reine Liberalismus in der Weltwirtschaftskrise der Dreißigerjahre untergegangen war. Das Versagen der kommunistischen Entwicklungsländer ist offenbar: Wo ist die Anziehungskraft von Staaten wie Kuba, China, Angola oder Nicaragua? Einzig Hugo Claus stellt noch fest, die kubanische Revolution sei rundum gut – ganz wie Marchais, der das von den kommunistischen

Regimen in Ost-Mitteleuropa behauptete. In den Demokratien Lateinamerikas wählen die Menschen inzwischen spontan meist sehr gemäßigte Parteien und Führungen. Der Traum ist ausgeträumt.

Diejenigen, die sich im Westen weiterhin tapfer Sozialisten nennen und die Bezeichnung „Sozialdemokrat" als Vorwurf verstehen, hoffen, die „Sozialdemokratie" eines Tages zu überwinden. Man sollte sich indes der Tatsache bewusst sein, dass das heterogene ökonomische System Westeuropas keine Schöpfung der Linken ist, sondern ein gesellschaftlicher Kompromiss. Denn niemand verfügte über eine absolute Mehrheit, und die Krise der Dreißigerjahre hatte gelehrt, dass eine Wirtschaftsordnung ohne gewichtige soziale Korrektive zum Scheitern verurteilt war. Aus sich heraus hätte die Linke das marktwirtschaftliche Element kaum in Kauf genommen. Heute jedoch ist es unverzichtbar geworden, weil die globale Konkurrenz auf Ineffizienz und Verschwendung erbarmungslos reagiert.

Es ist möglich, dass sich die Osteuropäer zu stark an risikolose Sicherheiten gewöhnt haben, um der rigiden Konkurrenz des internationalen Wettbewerbs mental die Stirn bieten zu können. Und doch wird sie sich früher oder später durchsetzen müssen. Es ist indes wahrscheinlicher, dass die Menschen in Osteuropa sich nach einem konsequenten Systemwechsel sehnen und nichts mehr mit dem „ Ancien Régime" zu tun haben wollen. Das wird die Zukunft zeigen. Viele freilich wollen nicht wahrhaben, wie unberechenbar Menschen sein können. In einer Demokratie kann diese Unberechenbarkeit zum Machtfaktor werden. Oft wird dann deutlich, wie groß die Distanz zwischen rationalen Schemata und dem Volkswillen ist.

Die Geschichte der Revolution in Mitteleuropa hat noch viele weiße Flecken. Faktoren, die zu ihrem Verständnis beitragen können, werden ausgeblendet. So wird etwa die Rolle der katholischen Kirche und anderer christlicher Kirchen ebenso unterschätzt wie der Drang nach Religionsfreiheit. Das ökonomische Scheitern der Regime hat einem Widerstand Vorschub geleistet, der älter war und tiefer wurzelte. Für viele Linke ist die Rolle des polnischen Papstes ein Tabuthema. Gleichwohl hat er entscheidenden Anteil an der Wiederauferstehung des polnischen Selbstwertgefühls nach 1979. Das Charisma dieses Papstes hat seinem Volk einen unglaublichen Lebenswillen zurückgegeben. Ohne ihn keine Solidarność. Diese einzigartige Rolle wird nur in der ausländischen Presse deutlich. Die polnische Kirche hat sich nie vom Establishment kompromittieren lassen. Auch für die Tschechoslowakei ist bekannt, welche Rolle Kardinal Tomášek gespielt hat – ein Mann, der stets ein ungebrochener Feind des Totalitarismus war. Ohne diese Unabhängigkeit wären Werte aus der geistigen Landschaft verschwunden. Die Rolle der protestantischen Kirchen in der DDR wird nun endlich wahrgenommen. Die katholische Kirche ist dort, bedingt durch die preußische Tradition, deutlich kleiner, aber ihr Widerstand war noch unerbittlicher. Stets waren die christlichen Kirchen in allen Ländern Lichtzeichen im Reich der Finsternis. Bei ihnen gab es die „trahison des clercs", den Verrat der Intellektuellen, nicht. Auch in der Sowjetunion haben die religiösen Dissidenten eine wichtige Rolle gespielt. Heute ist bei den dortigen Intellektuellen, bei den besten unter ihnen, ein großer Durchbruch des Glaubens zu beobachten. Tatjana Goritschewa schrieb schon 1984 – noch vor Gorbatschow –, dass es „heute hoch im Kurs steht, zur Kirche zu gehören, so wie es eine Mode war, Revolutionär zu sein ... In Russland herrscht geistlicher Hunger ... Was derzeit in Russland passiert, ist ein nie gesehenes und nie gehörtes Phänomen viel größeren Ausmaßes.“

In vielen dieser Länder war der Glaube ein „Herz in einer herzlosen Welt“, aber Marx hätte nie vermutet, dass er zur Widerstandskraft gegen den atheistischen Kommunismus werden könnte. Diese Formel hatte er der kapitalistischen Periode vorbehalten. Bemerkenswert ist, dass Gorbatschow in seiner historischen Begegnung mit dem polnischen Papst auch den Wert der Religion für die Sowjetgesellschaft anerkannte. Mir ist durchaus bewusst, dass auch Ludwig XIV. die stabilisierende Kraft der Religion kannte. Aber hier sind die Umstände andere: Die Kirche war in den marxistischen Regimen eine subversive Kraft. Außerdem ist das Christentum das Antidot gegen die Große Lüge und die Angst, auf denen die menschlichen Beziehungen in kommunistischen Regimen fußen. Die positiven Werte von Großherzigkeit, Mitmenschlichkeit, Treue und Pflichtbewusstsein waren auch während der Nazi-Herrschaft im Schwinden begriffen. Der polnisch-jüdische Kardinal J. M. Lustiger schrieb hierzu: „Im besetzten Frankreich kannten viele Menschen nicht mehr den Unterschied zwischen Gut und Böse, zwischen dem, was man tun durfte und was man nicht tun durfte

… Es gab (glücklicherweise) zahlreiche Männer und Frauen, die der Moral und der Wahrheit treu blieben. Sie haben Frankreich gerettet." Die Perversion dessen, was wir menschliche Werte nennen, kann nur durch eine Moral gestoppt werden, die in der Transzendenz verankert ist. „Die Religion bringt moralische Werte hervor, die sie seit Jahrhunderten in sich trägt und die der Sache der Erneuerung unseres Landes dienen können und schon dienen." Die Worte Gorbatschows entspringen nicht allein der intellektuellen Erkenntnis. Hier ist mehr am Werk. Gorbatschow und Wojtyła haben ganz entscheidenden Anteil an der geistigen und politischen Revolution in Mittel- und Osteuropa gehabt. Sie sind „gaullistische" Figuren, die aus einem „Zeitalter der Mittelmäßigkeit" herausragen.

Wie schmerzhaft muss all das für viele christliche und linke Intellektuelle unserer Zeit sein. Und doch würde es von einem Mangel an Scharfsinn zeugen, Mitteleuropa zu einem Modell für Westeuropa zu erheben. Die Verbesserung des Lebensstandards kann das Wiedererstarken der Religion in den Ländern Ost- und Mitteleuropas rasch hemmen, und wo es noch eine Volksreligion gab (wie in Polen), kann sie in der Folge des neuen Materialismus verebben. Demokratie und Soziale Marktwirtschaft werden kommen, aber auch in anderer Hinsicht wird Osteuropa dem Westen ähnlich werden. Hinter der offiziellen Lüge des Regimes war das unterdrückte Christentum noch sehr lebendig. Im Postkommunismus kann es abbröckeln. Erst dann wird sich ein Teil unserer linken Intelligentsia mit der Revolution in Ost- und Mitteleuropa abgefunden haben. Für sie bedeutet Freiheit auch eine Befreiung von der Religion und ihrer vermeintlich einengenden Moral.

Die Geschehnisse in Osteuropa müssen alle Intellektuellen zur Bescheidenheit mahnen. Niemand hatte so etwas vorausgesehen. Wer in einer rationalen Kultur groß wird, hat es schwer, irrationale Strömungen zu erkennen. Wendepunkte in der Geschichte ereignen sich stets eruptiv. Wir müssen das demütig anerkennen.

Dennoch haben zahlreiche Intellektuelle eine wichtige Rolle beim Umsturz in Osteuropa gespielt. Es gab den einsamen Protest eines Solschenizyn, eines Sinowjew, eines Sacharow. Gulag und Marginalisierung waren die Antwort auf die Stimmen ihres Gewissens. Wir müssen der Charta 77 und der Gruppe um Lech Wałęsa Anerkennung zollen. Wie schon im 18. Jahrhundert kommen Revolutionen durch „Tinte und Papier" zustande, und Diktatoren versuchen zuerst, diese Faktoren auszuschalten. Heute tun das die Machthaber in China mit ihren Studenten. Noch einmal: Was haben wir Intellektuelle getan, um sie zu unterstützen? Haben wir die Verletzungen der Menschenrechte in Osteuropa ebenso konsequent angeprangert wie jene in Spanien, Griechenland und Portugal zur Zeit des Faschismus? Auch unter diesem Aspekt ist Bescheidenheit mehr als angebracht. Lasst uns nun nicht hin- und herdiskutieren, sondern erkennen, wo wir uns geirrt und was wir versäumt haben.

Die Rolle des Intellektuellen muss es sein, höhere moralische Beweggründe mit geistiger Klarheit zu verbinden. Eine „Zweckethik" ist fehl am Platz. Sie hat viele zum Marxismus gebracht, weil seine Ziele angeblich gut waren: Gleichheit und Überwindung der Ungerechtigkeit. Der Kampf gegen die Ausbeutung machte für manche alles vertretbar. Der Intellektuelle muss in der Tradition von Raymond Aron und Karl Popper rational ausmachen, welchen Weg wir beschreiten müssen, um das Gute zu erlangen. Moralisch verwerfliche Mittel führen selten zu vertretbaren moralischen Ergebnissen – besonders dann nicht, wenn eine Systematik oder ein System zugrunde liegt. Die geistige Klarheit muss die Waffe des Intellektuellen sein. Stärker als er denkt, ist er jedoch Opfer von Emotionen – bis er, wie Sartre und A. Gerlo beim Ungarischen Volksaufstand von 1956, die Grausamkeit des Stalinismus (selbst noch nach dem Tod Stalins) erkennt und aus der Kommunistischen Partei austritt. Oder wie Sartre, der sich vom Schicksal der vietnamesischen Boat People berühren ließ. Deren Leid war eine Konsequenz des kommunistischen Regimes in Vietnam, das an die Macht gekommen war, nachdem die – Sartre so verhassten – amerikanischen Truppen das Land verlassen hatten. Dem einfachen Vietnamesen ging es unter Ngo Dinh Diem besser als unter dem „heiligen" Ho Chi Minh … Aron war dieser Umstand bewusst; Sartre fehlte es an geistiger Klarheit. Warum wurde so viel über die Hungersnot in Äthiopien berichtet – und warum so wenig über das traurige stalinistische Regime Mengistus, das sie verschuldet hat? Manchmal neige ich dazu, derlei Phänomene bagatellisierend als Mangel an geistiger Klarheit zu bezeichnen, manchmal als auf die Spitze getriebene intellektuelle Unredlichkeit. Das eine ist das Urteil eines Intellektuellen über Seinesgleichen. Das andere ist ein moralisches Urteil.

Einige haben jahrelang das Apartheids-Regime in Südafrika schöngeredet, um die kulturelle Verbindung mit den weißen Afrikanern aufrechtzuerhalten. Sie verteidigten es sogar noch, als man in Südafrika schon auf dem Weg zu Reformen war. Plötzlich begann die Südafrika-Lobby bei uns, den Reformwillen ihrer südafrikanischen Freunde hervorzuheben – gegenüber allen, die die Bemühungen als „too little and too late" bezeichneten. Wenn morgen vollständige Demokratie herrscht, werden sie mit in den Jubel einfallen und ihren Gegnern zurufen, dass „ihre" Verbündeten im Geiste all das vollbracht haben. Der klar Denkende schaut zu und lächelt ...

Ideologie versus Menschen

Unter den christlichen Intellektuellen gibt es „nützliche Idioten", die sich für alle möglichen Richtungen haben vereinnahmen lassen. Die Sorge um den einzelnen Menschen muss uns alle ideologischen Vorurteile vergessen lassen. Die Ideologie reduziert den Menschen auf ein Abstraktum. Deshalb wiegen das Leben und das Glück des Individuums für den Ideologen so leicht. Das darf nicht sein. Der Christ hat hier einen einzigartigen Beitrag zu leisten. Wir sind nicht in der Lage, ideologisch zu denken, weil wir fortwährend die Frage nach dem „Nächsten" stellen müssen. Das ist wahre Toleranz. Haben die Christen sich immer so verhalten? Nein. Im Namen Gottes wurde getötet und Denken erstickt. Heute sind wir durch die Geschichte geläutert und sind in der Lage, eine neue Botschaft zu bringen. Mehr denn je ist die Zeit reif dafür. Die enormen Veränderungen in Osteuropa müssen uns dazu anspornen. Ost- und Mitteleuropa können dem Westen wieder christliche Kultur injizieren.

Der christliche Intellektuelle darf sich auch nicht vom Fundamentalismus verführen lassen. Durch den Verlust fester Positionen verunsichert, nehmen die Fundamentalisten eine verkrampfte Haltung ein. Sie tun die Welt von heute ab, weil sie vom Bösen beherrscht sei. Überall sehen sie Zeichen des Verfalls. Das geht so weit, dass alles Weiße, Westliche und Kapitalistische per se verteidigt und sogar verherrlicht werden muss. Die Religion ist Teil einer ganzen Weltanschauung, die der Fundamentalismus erhalten will, obwohl sie ihm unter den Händen zerrinnt. Mit der Demokratie tut sich der Fundamentalist tatsächlich sehr schwer: Sie zerstört die statische Welt, in der jeder seinen Platz kennt. Denn Demokratie und Wettbewerb fegen Monopole, Privilegien und erworbene Positionen hinweg. In dieser Welt fällt es schwerer, zu leben und zu überleben. Diese Angst vor Veränderung kann in Intoleranz und Fanatismus umschlagen. Manche, die den Verlust spüren, entwickeln Hass als letztes Abwehrmittel – ein ebenso natürliches wie armseliges Phänomen. Die Verteidigung des Christentums endet im Dogmatismus, dem Gegenteil der Botschaft Christi.

Nur wer die Zeichen der Zeit klug interpretiert und begreift, was temporär und oberflächlich und was bleibend und wertvoll ist, kann unterscheiden zwischen übersteigerter Anpassung an den Zeitgeist (s. o.) und der Weigerung, in der eigenen Zeit zu leben. Das Christentum ist zeitlos, weil es sich auf das Beste im Menschen bezieht und ihn über den Tod hinausführt. Der authentische Christ weiß das, und er ist ein Mann oder eine Frau der Hoffnung. Der Fundamentalist ist Pessimist und bleibt deshalb allein.

Es gibt viele Gründe, Pessimist zu sein. Die Hoffnung ist eine willentliche und rationale Entscheidung – jedenfalls beim Autor. „Pessimismus ist eine Sache der Laune, Optimismus eine des Willens." (Alain)

Überzeugen

Der moderne christliche Intellektuelle kann dem Nihilismus oder der Verwirrung der nicht-gläubigen Welt heute einen „Mehrwert" entgegensetzen. Diese Welt hat nichts zu bieten. Vertreter der Generation Walschap (ein liberaler flämischer Schriftsteller; Anm. d. Übers.), die Gott den Krieg erklärt hat, sterben in Flandern langsamer aus als anderswo, aber eines Tages wird sich auch über ihnen die große Stille ausbreiten. Sie haben nichts dauerhaft Positives zu erzählen und können dem modernen Menschen letztlich keine Hoffnung bieten. Der christliche Intellektuelle muss im Geist unserer Zeit überzeugen. Er kann, darf und will nichts aufdrängen. Er selbst lässt das auch nicht zu, da ist er Kind seiner Zeit. Überzeugen bedeutet, dass Argumente entwickelt und offen diskutiert werden. Dazu sind Intellekt und Charakter nötig – und ein gutes Gespür dafür, was die Gesellschaft bewegt.

Überzeugen ist heute, in einer Situation der konkurrierenden Ideen und Gefühle, schwierig. „Was ist Wahrheit?", fragte Pilatus schon vor zweitausend Jahren, als Christus ihm sagte, er bringe die Wahrheit. Die Grenzen der Wissenschaft sind inzwischen bekannt. Die ältesten Menschheitsfragen nach Leben und Tod bleiben. Die Wissenschaft hat den Menschen anspruchsvoller gemacht, skeptischer gegenüber Worten, Symbolen, Geschichten und Wundern. So ist er nicht länger verwundert. Der Umweg zu Gott ist länger geworden ... Für alltägliche wie außergewöhnliche Ereignisse, etwa ein Erdbeben oder einen Brand, gibt es zunächst natürliche Erklärungen. Gott kommt erst später ins Spiel, als Erklärer des Unerklärlichen. Dabei reicht es nicht aus, das Göttliche auf fast kindliche Weise mit einem Ereignis in Verbindung zu bringen. Man muss einen Schritt weiter gehen. Viele bleiben bei der wissenschaftlichen Erklärung von Ereignissen oder Phänomenen stehen. Was dahinter liegt, ist nicht ihre Sache und hilft ihnen im Alltagsleben nicht weiter. Wie gesagt, die Frage nach grundlegenden Antworten wird erst in den Grenzsituationen des Lebens gestellt.

Überzeugen ist auch schwieriger, weil wir in einer sehr „blasierten" Welt leben. Die Werbung arbeitet nicht mit Fragen, sondern mit Bestätigungen. Die Politik krankt an der sogenannten Profilierung, die den Unterschied zum Anderen benennt und ihn damit karikiert. So werden Unterschiede aufgebauscht, um Anhänger zu binden oder zu werben. Der alles durchdringende Wettbewerb macht uns weis, dass wir nur dann jemand sind, wenn wir jemanden unter uns haben. In dieser Welt ist es schwieriger, über Auferstehung zu sprechen, über „Liebe deine Feinde!", über Gott, der Mensch wird, obwohl er den Menschen geschaffen hat. Der Glaube setzt eine gewisse „Einfalt des Herzens" voraus, eine Art kindliches Vertrauen anstelle krankhaften Misstrauens. Er ist eine positive Einstellung, die beinahe neu gelernt werden muss, obwohl jeder Mensch die Anlagen dazu in sich trägt. Auch wenn Überzeugen mehr ist als ein rationaler Prozess, muss der Verstand in diesem Prozess eine entscheidende Rolle spielen.

Ganz entscheidend ist es zu sehen, dass hochintellektuelle Menschen diesen Schritt in den Glauben getan haben und ihrer Entscheidung treu geblieben sind. Das Zeugnis ist in einer Gesellschaft, der die *Message* wichtiger geworden ist als der Inhalt, von unschätzbarer Bedeutung. Meinungsführerschaft bedeutet, da zu sprechen, wo andere schweigen. Daran erkennt man einen Meinungsführer, auch heute. Nicht immer bietet er eine Perspektive, eine Hoffnung. Er ist offensiv, nicht defensiv. Der Intellektuelle muss keine Führungspersönlichkeit sein, zeigt seine Führungsqualitäten aber dadurch, dass er über das spricht, was ihn und andere bewegt. Vielleicht kommen nach ihm Menschen mit größeren organisatorischen Fähigkeiten und mehr Charisma. Zunächst jedoch muss jemand das Wort ergriffen haben. Das ist in der Geschichte immer so.

„Wird jedoch der Menschensohn, wenn er kommt, auf der Erde Glauben vorfinden?" (Lk 18,8) Das ist die Frage, die sich manche heute mehr denn je stellen. Menschlich gesprochen gibt es viele Gründe für Pessimismus. Und doch ist da ein fundamentales Vertrauen. Der Geist, würden die Charismatiker sagen.

In unseren Augen verläuft die Geschichte nicht nach einem festen Schema, doch sie kann das Unvermeidliche ebenso wenig ignorieren. Das braucht nur manchmal Zeit.

Der christliche Intellektuelle: Arbeit an einem Projekt

Die Hassliebe zur Ökonomie

Die Ökonomie ist zunächst eine Befreiung und dann sehr rasch eine Versklavung. Die Ökonomie kämpft gegen den Mangel. So werden Bedürfnisse befriedigt. Entscheidungen müssen getroffen werden. Die Industrialisierung war die Antwort auf die Verelendung. Die moderne Expansionspolitik des Westens in der Nachkriegszeit wollte die Krise der Dreißigerjahre des 20. Jahrhunderts vergessen machen. Heute nehmen wir wahr, dass Millionen Menschen auf der Südhalbkugel unterentwickelt sind. Manche Erdteile entwickeln sich sogar zurück, unter anderem Schwarzafrika. Für sie ist die Ökonomie „Schicksal". Es braucht nicht erwähnt zu werden, dass das auch für Osteuropa gilt.

Ab einem bestimmten Wohlfahrtsniveau stolpert man von einem Kapitalismus aus Entbehrung heraus in den Komfort-Materialismus. Der Horizont des Armen ist beschränkt: Er muss überleben. Die Masse der Wohlfahrtsmenschen ist verwöhnt: Sie bestimmen ihre Bedürfnisse im Vergleich mit anderen. So bleiben sie stets unbefriedigt.

Historisch betrachtet, begegneten die Katholiken dem wirtschaftlichen Fortschritt mit Argwohn. Doch dieses Gefühl hatte stets zwei Seiten.

Vor einigen hundert Jahren überwand das Bürgertum die sorgsam abgegrenzten sozialen Verhältnisse des 18. Jahrhunderts und der vorangegangenen Epochen. Wie die Aristokratie gehörte die Kirche zur

Alten Welt. Einerseits verfügte sie über ein großes Vermögen, andererseits war für sie – im Gegensatz zum aufstrebenden Bürgertum – der Gelderwerb nie Ziel an sich. Das ist der Unterschied zwischen einer Welt der Monopole und einer des Wettbewerbs, zwischen Zins und Gewinn, zwischen einer statischen und einer dynamischen Welt. Bis heute hat sich die Aristokratie ein gewisses Misstrauen gegenüber der Marktwirtschaft erhalten.

„Rechte" Christen sahen im zunehmenden Wohlstand der Massen ein Einfallstor für die Säkularisierung, die Ent-Heiligung der Welt. Oder, noch einfacher: Die Industrie brachte Arbeiter, Gewerkschaften, Sozialismus und Verstädterung hervor, und die Religion verlor – ärgerlicherweise – zugunsten der Demokratie an Einfluss. Bis vor fünfzig oder sechzig Jahren war diese Wahrnehmung in Flandern weit verbreitet. Inzwischen ist sie weggespült. Das katholische Bürgertum ist sogar dynamischer als andere soziale Schichten. Es hat seine aus dem Evangelium begründete Verantwortung aufgebaut, indem es gemäß dem biblischen Gleichnis all seine Talente einsetzt. Das katholische Bürgertum schafft Arbeit und Wohlstand und sorgt für die finanzielle Grundlage der sozialen Sicherungssysteme.

„Linke" Christen tun sich schwer mit der Marktwirtschaft, die mehr denn je zum Ordnungsprinzip unseres heterogenen wirtschaftlichen Systems geworden ist. Die sozialen Korrektive reichen den meisten nicht aus, auch wenn sie sich in der Praxis mit dem Unvermeidlichen abgefunden haben. Heute bedarf es eines zweiten fundamentalen Korrektivs: des ökologischen. Auch hier gibt es die Tendenz, die Lösung des Problems in einer anderen Wirtschaftsordnung zu suchen. Doch wird man auch in diesem Fall auf eine Aussöhnung von Ökologie und Marktwirtschaft zurückkommen.

Linke wie Rechte tun sich schwer mit dem Materialismus als Lebensform in einer modernen Gesellschaft. Die Einseitigkeit führt zu einer Verarmung der zwischenmenschlichen Beziehungen. Die Sucht nach Komfort erfasst den Menschen so heftig, dass er sich nur noch mit sich selbst beschäftigt. Er kappt alle Verbindungen. Der Andere wird Ding, Kunde, Konkurrent, Sexualobjekt, Produktionsfaktor. Die Gesellschaft wird ungesellig. Die audiovisuellen Medien haben die Menschen rein physisch noch stärker voneinander entfernt. Erst trennte die moderne Lebensweise ein Haus vom anderen. Jeder schaut und hört auf den anderen. Nun trennt sie die Menschen selbst innerhalb ihrer Häuser voneinander: Jeder ist an seinen eigenen Fernseher, seinen Videorekorder, seine Stereoanlage, seine Kopfhörer, sein Telefon etc. gefesselt. Auf dem Land leben die Menschen noch in einer gewissen Gemeinschaft, in den Städten dagegen haben Wohlstand und Medien Verwüstungen auf dem Gebiet der Mitmenschlichkeit angerichtet. Man lebt und stirbt nebeneinander her.

Eine fundamentalistische Einstellung würde dies alles anklagen. Sie würde Marktwirtschaft und städtische Kultur in Frage stellen – ohne die geringste Chance auf Erfolg. Der Islam hat diesen Versuch unternommen, doch die Wirtschaft gewinnt auch dort neue Jünger, und der Drang nach Fortschritt ist nicht aufzuhalten. Die Radikalen im Iran hatten ihren Krieg, die Gemäßigten ihren Handel. Letztere werden gewinnen. Der Ökonomismus ist die stärkste Ideologie der Welt. Leider, möchte man manchmal sagen.

Die Gegenoffensive

Und doch können wir den Dingen nicht einfach ihren Lauf lassen. Denn die Leere strebt, wie oben dargelegt, stets nach Fülle. Die aberwitzigsten und irrationalsten Ideen bieten sich an, um die Leere zu füllen. Doch manchmal sind die zerstörerischen Tendenzen am Puls der Zeit. Im Kleinen sind es die Drogen, im Großen der Fremdenhass. Linksradikalismus war stets eine Randerscheinung.

Die Gefahr einer rechten Revolution oder auch nur einer rechten Mehrheit existiert nicht. Schon die Vorstellung ist lächerlich, neutralisiert aber andere, die sich vor einer rechten Welle fürchten, und lässt sie mitlaufen. Viel Kraft wird nutzlos vergeudet.

Alle diese Kräfte sind destruktiv, sie sprechen nur die negativen Gefühle der Menschen an. Sie bieten kein Projekt, keine Perspektive, keine Hoffnung.

Es muss etwas passieren, denn die Abstumpfung ist eine Vorstufe des geistigen Todes. *Boulot – metro – dodo*, Job – U-Bahn – Nickerchen, das ist leider die Wirklichkeit vieler Menschen. Damit kann nur eine Generation leben, die aus dem Elend kommt und der alles andere besser erscheint. So kann jedoch keine neue Generation heranwachsen. Das Leben muss mehr sein. Die neue Freizeit-„Kultur" versucht, die Monotonie zu durchbrechen, doch auch sie ist bereits fest in den Händen der Kommerzialisierung. Im Kampf gegen Langeweile und für Entspannung wird nicht nur Geld verdient. Das ist nicht schlimm. Schlimm ist, dass der kommerzielle Sektor oft den Weg des geringsten Widerstands geht. Aus eigenen Kräften heraus ist er nicht in der Lage, die Menschen zu „erheben", solange es Konkurrenten gibt, die die Nachfrage nach Oberflächlichkeiten bedienen. Das Resultat ist eine jämmerliche Welt aus Gesang, Tanz, Spielchen, Bildchen, falschen Gefühlen, Gewalt, Horror und Erotik. Ab und zu versuchen einige, das Beste daraus zu machen – freilich ohne viel am Ergebnis zu ändern. Auch für Menschen mit weiterem Horizont ist das Geplätscher nicht nur abstoßend. Traurig wird es nur, wenn man nichts anderes mehr hat.

Das Gegengift der Kommerzialisierung ist weder die Politisierung noch die Ideologisierung. Auch der Moralismus taugt nicht als Gegengift – er ist einfach chancenlos.

Das Gegengift könnte allerdings ein öffentlicher Sektor sein, der bereit ist, seine Rolle als „Erzieher des Volkes" wahrzunehmen. Er kann an das Gefühl für das „Wahre, Gute, Schöne" appellieren, an das Gute im Menschen. Auch hierfür gibt es eine breite Öffentlichkeit, doch muss das Gute eine Chance haben. Eine solche Gegenposition des Staates kann den kommerziellen Sektor qualitativ beeinflussen.

Die kommerzielle Welt indes hält den Staat auch von Politisierung, Ideologisierung und Verschwendung ab.

Im Großen und Ganzen teilen sich der Staat und die Kräfte des Marktes die Aufgaben. Bis vor einigen Jahren nannte man das Komplementarität. Jeder sollte seine Aufgaben erfüllen, die beiden Bereiche sich gegenseitig ergänzen. Heute spricht man neuerdings wieder von Subsidiarität. Der Staat darf nicht die Aufgaben wahrnehmen, die die Menschen (der Markt) selbst am besten bewältigen können. Die Ineffizienz des Staates wurde in den Achtzigerjahren des 20. Jahrhunderts schmerzlich deutlich. Heute hat sich das Verhältnis umgekehrt: Es ist an der Tagesordnung, dass der Staat Aufgaben an den privaten Sektor abgibt. Freilich: Der Staat schafft einen normierenden Rahmen, in dem Firmen und Privatpersonen agieren können, ohne der Allgemeinheit zu schaden. Das gilt heutzutage etwa für Abfallwirtschaft und Umweltschutz. Der private Sektor sorgt nicht aus eigenem Antrieb für eine sichere, gesunde und saubere Umwelt, ist aber durch den staatlich vorgegebenen Rahmen dazu gezwungen. Dadurch werden diese Aufgaben letztlich effizienter wahrgenommen, als es dem Staat selbst möglich wäre. Ihm fehlt es an Geld, um all das zu finanzieren. Die Bürger sind nicht länger bereit, eine höhere Steuerlast zu akzeptieren. Steigende Preise, welche die Investitionen privater Firmen ausgleichen, dulden sie eher als höhere Abgaben zur Finanzierung des öffentlichen Dienstes.

Der Staat indes wird auch in einer modernen Gesellschaft eine tragende Rolle spielen. Er ist das soziale, ökologische und menschliche Korrektiv zum Ökonomismus, der monomanen Betonung der Ökonomie.

Doch reicht all das aus, um den Materialismus zurückzudrängen? Schließlich haben wir einen (zu) ausgedehnten öffentlichen Sektor und leiden dennoch unter unserem heutigen geistigen Milieu – oder vielmehr am Mangel daran. Die Präsenz des Staates ist so umfassend, dass auch er jede menschliche Dimension verloren und sich in Bürokratie und Eigennutz verstrickt hat. Auch hier geht es meist um Geld und Macht, die nach anderen Kriterien verteilt werden. Es muss also mehr passieren, damit unsere Welt „sauberer" wird.

Das geht nur, wenn der Geist und das Herz der Menschen sich für das Immaterielle öffnen.

Dem Menschen einen Weg zum Guten, Wahren und Schönen zu eröffnen, ist Aufgabe der Kultur. Die Schule spielt dabei immer noch eine zentrale Rolle. Wer in jungen Jahren nicht für diese Werte empfänglich gemacht wurde, kann sein Leben nur als „Barbar" (in der mehrfachen Bedeutung des Wortes) führen. Wir brauchen eine „Kultur der Seele" *(cultura animae)*. Deshalb bleibt es entscheidend, dass Literatur, Poesie, Musik, Kunst und Geschichte den Schülern in allen Fächern nahegebracht werden. Die Technokratie allein führt zur Robotisierung des Menschen, und früher oder später wird einseitige Rationalität in Irrationalität umschlagen.

Eine Gesellschaft, in der die Medien, das Wirtschaftsleben und sogar die Familien von Konflikten geprägt sind, bedarf der Erziehung zu Harmonie und Gleichgewicht. Kunst und Kultur entspringen meist einem Mangel an innerem oder äußerem Gleichgewicht. Doch der Künstler und der Schriftsteller – jedenfalls die bedeutenden – suchen nach Ausgleich. Deshalb ist es so wichtig, die Großen kennenzulernen und sie sich zum Vorbild zu nehmen. Sie wecken unsere Talente und decken ungeahnte Fähigkeiten auf. Ich weiß, ich tue der Kreativität des Individuums Unrecht, aber meines Erachtens muss der Kontakt mit den Großen gefördert werden. Gerade in einer verflachenden Gesellschaft sind Vorbilder unverzichtbar.

Die Rolle des Lehrers ist heute außerordentlich wichtig. Wir bürden ihm oder ihr immer mehr ungelöste gesellschaftliche Probleme auf. Obendrein bezahlen wir ihn oder sie schlecht. Immer mehr Lehrer üben ihren Beruf nur aus, weil sie auf ein zweites Einkommen angewiesen sind – mit negativen Folgen für Motivation und berufliches Engagement. Das hat ohne Zweifel Auswirkungen auf die Qualität des Unterrichts. Der Lehrer oder die Lehrerin muss die Spannungen, die in einem Stadtteil der Familien ihrer Schüler an der Tagesordnung sind, auffangen – mit allen Folgen, die das für die Qualität des Unterrichts hat. Wie kann ein Kind offen sein für „das Gute, Wahre und Schöne", wenn es davon zu Hause kaum etwas mitbekommt? Die fast unmögliche Aufgabe des Lehrers darf nicht durch tiefgreifende Veränderungen der Lehrpläne noch weiter erschwert werden. Das Humanistische Gymnasium ist fünfhundert Jahre alt. Die Reformierte Sekundarstufe in Flandern dagegen hat gerade mal zwanzig Jahre überlebt. Doch muss das Menschliche, schon im Wort „humanistisch" angedeutet, auch in Berufsschulen und technisch ausgerichteten weiterführenden Schulen Platz haben. Die Schüler dort sind der Nivellierung und dem sinnlosen Freizeitvergnügen viel stärker als andere ausgesetzt. So gehen viel Talent und Kreativität verloren. Das darf nicht sein. Angesichts des sozialen und kulturellen Hintergrunds der meisten Schüler ist die Aufgabe des Erziehers dort noch schwerer. Und dennoch: Ich hege große Bewunderung für alle, die es dort versuchen.

Unsere Gesellschaft braucht also Intellektuelle im Unterricht, vor allem aber in der Erziehung. Letzteres ist noch wichtiger, gerade angesichts der Tatsache, dass immer mehr Familien scheitern.

Der Spiritualität und der Religion kommt in der Erziehung eine entscheidende Rolle zu. Wie soll man die Geschichte von Christus und seiner göttlichen Sendung jungen Menschen emotional und intellektuell nahebringen, die Gott außerhalb der Schulmauern überhaupt nicht wahrnehmen? Ist das dann wie der Unterricht in einer toten Sprache, die ausschließlich im Klassenraum gesprochen wird? Es wäre noch dramatischer, wären christliche Schulen nicht so verbreitet, wie sie es heute noch z. B. in Flandern sind. Durch die relative Freiheit der katholischen Schulen in der Gestaltung des Lehrplans sind doch die meisten jungen Leute noch irgendwie mit Gott in Kontakt gekommen, was auch immer in ihrem späteren Leben noch passieren mag. Bei einigen von ihnen ist damit der Boden bereitet, damit die Gnade wirksam werden kann. Die meisten stehen dem Christentum weder fremd noch feindlich gegenüber, sondern schätzen es oder begegnen ihm sogar mit Hochachtung, auch wenn sie den täglichen Kontakt mit der Religion verlieren. Und doch muss in den Schulen heute mehr möglich sein.

Wiederum ist es Aufgabe des Lehrers, dem – heute meist als Laien – die Vermittlung der Botschaft Christi anvertraut ist. Oft muss er erst seine eigenen Zweifel und Unsicherheiten überwinden. Er muss Worte finden, obwohl er nicht gelernt hat, über Gott zu sprechen. So fällt es ihm denn auch leichter, über Moral, Politik oder innerkirchliche Konflikte zu sprechen als über Gott selbst. Auf die Familie als Ort, wo ein solches Gespräch stattfinden könnte, kann er nicht zählen.

Damit die Schule in der antimaterialistischen Offensive nicht isoliert dasteht, braucht sie Unterstützung. Jugendbewegungen, Kulturvereine, Zeitschriften, pädagogische Medien, Pfarrgemeinden, Bücher und Zeugnisse von Menschen sind deshalb unverzichtbar. Die religiösen Kräfte haben diese Unterstützung bitter nötig. Sie sind Kern der zweiten Evangelisierung. Den christlichen Intellektuellen kommt hierin eine Pilotfunktion zu. Essenziell ist es, die Präsenz Gottes zu gewährleisten; alles andere kommt von selbst. Mir ist bewusst, dass es noch nie ein so breites Angebot aller möglichen religiösen Aktivitäten gegeben hat. Wir haben es also nicht mit einem Problem der Normen oder der Sprache zu tun. Und doch: Es fällt uns so schwer, zur Fantasie des modernen Menschen vorzudringen und ihm so zu ermöglichen, wieder zu Gott zu finden. Manchmal kann die Fantasie durch eine große Schlichtheit angeregt werden, manchmal ist die Abwesenheit von Sprache (die Stille) ratsam. Inmitten eines furchtbar dominierenden Materialismus ist das eine immense Aufgabe.

Ich kann mir vorstellen, dass dieses Bild unserer Zeit auch bei vielen Freidenkern große Fragen aufwirft. Manche mögen sich freuen über religiöse Indifferenz, über die sexuelle Revolution und den Bruch ethischer Tabus rund um Leben und Tod.

Viele jedoch müssen sich die Frage stellen, ob das alles für eine menschliche Gesellschaft ausreicht. Mich berührt, dass heute über atheistische Spiritualität gesprochen wird und dass Kommerzialisierung und Politisierung auch unter Freidenkern Abscheu hervorrufen. Ich kann mir vorstellen, dass auch für sie die Frage von Albert Camus noch aktuell ist: „Kann man ohne Gott ein Heiliger werden? Das ist das einzige wirkliche Problem, das ich heute kenne." Ist es nicht möglich, eine gemeinsame Front all jener zu bilden, die unsere Gesellschaft menschlicher machen wollen? Vielleicht ist das ein besserer Kampf als der gegen die sogenannte ideologische Erstarrung. Wird eine pluralistische Schule größere menschliche Qualitäten herausbilden als eine christliche? Sicher nicht, denn für das Engagement und den Einsatz der Christen, die ihren Unterricht und ihre Erziehung prägen, gibt es bislang noch keinen Ersatz.

Es bleibt also noch viel zu tun. Ganz sicher ist die Sorge um den menschlichen Faktor nötig in einer Welt, die mit essenziellen Fragen konfrontiert ist und konfrontiert bleiben wird. Die biologische Revolution gibt uns die Möglichkeit, gleichsam nach unserem Willen Leben zu schaffen. Wie Gott werden wir Menschen „nach unserem Bild" schaffen können. Sollten weder die Wissenschaftler noch die Meinungsführer oder die breite Masse selbst die nötige menschliche Sensibilität besitzen, werden wir uns in einer Horror-Gesellschaft wiederfinden. Heute schon werden zahlreiche Embryonen in den Labors weggeworfen, als handle es sich nicht um menschliches Leben. Das ist das Resultat des Egoismus, der den anderen nicht als Teil seiner selbst sieht, sondern als anderen, als fremden; nicht mehr als Wesen eigenen Rechts, sondern als Instrument. Noch ehe wir es selbst realisieren, banalisieren wir den anderen. Eine Medienlandschaft der Gewalt und des Grauens stumpft unser Feingefühl ab. Der Tod eines Menschen, der doch dramatisch bleiben sollte, wird zum vertrauten Anblick. Was ist schrecklicher als einen Menschen sterben zu sehen oder einem Toten ins Antlitz zu blicken? Wer den Tod ehrt, wird auch das Leben als heilig ansehen können. Wen der Tod nicht loslässt, den lässt auch das Leben nicht los.

Wir dürfen nicht zulassen, dass die biologische Revolution eine Banalisierung des Lebens nach sich zieht. Das ist nicht allein eine Aufgabe der Ethiker, sondern der Massen, die Gefühle und Einstellungen an kommende Generationen weitergeben.

Der Intellektuelle: fasziniert von der Politik

Der Intellektuelle ist meist kein Politiker. Er spielt eine eigene Rolle. Auch diese Rollenverteilung ist komplizierter, als manche annehmen. Nun ist nicht etwa den einen die Ethik der Überzeugung und den anderen die Ethik der Verantwortung zugeordnet. Das wäre zu einfach. Die Intellektuellen könnten den Politikern vorwerfen, dass sie sich die Hände schmutzig machen, während Letztere die Intelligentsia herablassend als weltfremd und besserwisserisch abstempeln könnten. Wie immer bedarf es des Ausgleichs; beide Parteien müssen aus ihrer jeweiligen Befindlichkeit heraus sprechen. Für die einen ist das eher die Überzeugung, für die anderen eher die Verantwortung.

Die Politik hat die Intellektuellen stets fasziniert. Das gilt besonders für die französische Intelligentsia. Schon das Sprechen über Politik gab ihr das Gefühl, Politik zu betreiben. Tatsächlich bedeutet Politik in einer Demokratie zum Teil auch, zu sprechen und zu überzeugen. So gewinnt man die Bevölkerung für seine Anliegen. Der Politiker kann in unserem System nur arbeiten, wenn ihn die oder eine öffentliche Meinung trägt.

Es liegt in der Natur des Menschen, dass er seine Ideen in der Wirklichkeit realisiert sehen möchte. Daher rührt die Anziehungskraft der Politik. Ohne politisches Wirken kann sich die Gesellschaft nicht verändern. Der Staat selbst nimmt in der modernen Gesellschaft eine Schlüsselrolle ein, indem er einen erheblichen Teil des Staatseinkommens beansprucht. Selbst zu Zeiten des „Nachtwächterstaats", der sich grundlegend vom heutigen Wohlfahrtsstaat unterschied, verstand man Politik als Herrschaftsausübung. Letztlich entschied der Herrscher über Krieg und Frieden, Leben und Tod, Armut und Reichtum. Kein Philosoph kann oder konnte sein Werk abschließen, ohne über die ideale Gesellschaft nachzudenken und eine Vision der staatlichen Ordnung zu formulieren.

Will der Intellektuelle einen Beitrag zur Politik leisten, dann braucht er ein konstruktives Projekt. Rein destruktive Analysen wecken selten Hoffnung. Seltsamerweise war Karl Marx jedoch dazu in der Lage – obwohl er dem Gesicht des marxistischen Staates nur sieben Zeilen seines umfangreichen

Werks widmete. Diese Zeilen waren zudem völlig unbrauchbar. Beim Aufbau ihrer eigenen Wirtschaftsform und Gesellschaft mussten die Marxisten mit verzweifelter Fantasie zu Werke gehen.

Politik beginnt stets mit einer Betroffenheit, die sich in Ideen umsetzt. Der Politiker selbst ist auf diesem Feld nicht kreativ. Unser System ermuntert nicht eben zu politischer Fantasie. Innovation findet nur statt, wenn die Parteien kein schlechtes Wahlergebnis riskieren oder eher noch, wenn sie durch innovatives Handeln ihre Wahlchancen verbessern. Das ist keine Kritik an den Politikern, sondern ehernes Gesetz der Demokratie. Politik ist daher meist *too little and too late*. Die Staatsorgane reagieren meist mit dem Rücken zur Wand und mit dem Abgrund vor Augen. So war es beim Kampf gegen die Wirtschaftskrise in den Dreißiger- und Siebzigerjahren des 20. Jahrhunderts, während der ökologischen Wende, bei der Senkung der Steuerlast, bei der Sicherheit von Straßen, Gebäuden, Schiffen etc. Oft muss erst etwas Dramatisches passieren, bevor große Ideen realisiert werden können. Die Aufstände in Polen und Rumänien waren nur möglich, weil die Läden leer waren und Nahrungsknappheit herrschte. Eine gute Idee reift im Allgemeinen unter dem Druck der Umstände. Sie muss sozusagen verkörpert werden. Es ist denn auch Aufgabe des Politikers, eine Idee umsetzbar zu machen und sie so zu entwickeln, dass sie durch die öffentliche Meinung akzeptiert werden kann. Die ökologische Wende in der Praxis umzusetzen ist etwas schwieriger, als laut aufzuschreien oder Schaubilder und Formeln über das Verursacherprinzip anzufertigen. Deregulierung ist ein großartiger Gedanke – aber wie setzt man sie in einer Gesellschaft durch, die auf zahlreichen Schutzprinzipien und sozialer Balance basiert? Der Politiker muss sich mit einer gewachsenen Welt auseinandersetzen, die im 20. Jahrhundert sehr komplex geworden ist. Zudem muss er sich einer unbeständigen und eigensinnigen öffentlichen Meinung stellen. Deshalb sieht er eher die Schwierigkeiten als die Möglichkeiten und setzt sich daher langsam und verspätet in Bewegung.

Es kommt allerdings durchaus vor, dass Politiker auch ohne die ausdrückliche Unterstützung der Bevölkerung große Dinge bewegen. Das ist beispielsweise bei der großen Staatsreform in Belgien oder beim europäischen Einigungsprozess der Fall. Die Bevölkerung ist in diesen Prozessen passiv. Der europäische Gedanke ist schon alt. Historisch betrachtet, ist er ein Konstrukt der Politiker. Das Drama der beiden Weltkriege hat die Welt reif gemacht für diesen Gedanken. Die Bevölkerung folgt, doch treibt sie nicht an. Den unmittelbaren Vorteil nimmt sie oft nicht wahr.

Die Intellektuellen haben also den größten Einfluss, wenn sie ein positives Projekt haben. Sie müssen sich allerdings damit abfinden, dass es nicht ohne Geduld geht. Die großen Intellektuellen spielen eine nachhaltigere Rolle als die meisten Politiker. Ein geglückter Vers sorgt eher dafür, dass man von den Nachkommen zitiert wird, als der Bau einer Brücke oder das Abtragen von Müllbergen ... Dennoch fasziniert die Politik die Menschen, denn das Heute spricht sie am stärksten an, und die meisten leben vom und für das Heute.

Hat der Schriftsteller, der Literat, Einfluss auf den Gang der Dinge oder auf die Politik? Die meisten werden sagen, dass sie diesen Einfluss gar nicht haben möchten. Andere dagegen möchten lediglich ausdrücken, was an Ideen und Gefühlen in ihnen lebt. Sie können nicht anders, sie müssen sprechen, weniger aus Pflichtgefühl denn aus innerer Notwendigkeit. Sie schreien um Gehör. Die großen Autoren wirken – zumindest kurzfristig – eher auf den Zeitgeist als auf die Politik.

Die Renaissance wurde durch Künstler, Schriftsteller und Philosophen möglich. Sie hat die Welt verändert. Die Aufklärung hat die Französische Revolution vorbereitet, doch die „Philosophen" mussten jahrzehntelang warten, bis der Hunger in Paris die Chance zum Durchbruch brachte. Die Dichter der Romantik haben den Nationalismus des 19. Jahrhunderts begleitet und verstärkt, ja, sie haben ihn ins Leben gerufen. Nietzsche wurde vom Nazismus missbraucht. Und doch wirken sie alle stärker auf Gedanken und Gefühle als unmittelbar auf die Fakten. Dennoch: Wenn Menschen mit großem Talent sprechen oder schreiben, wirken sie auf andere, die zwar weniger ausdrucksstark sind, aber den Lauf der Dinge beeinflussen können. Die Worte großer Menschen fallen selten auf steinigen Boden.

Manchmal freilich überschätzen sie sich. Hat Gerard Walschap zur Entchristlichung Flanderns beigetragen? Wahrscheinlich haben Industrialisierung und neuer Wohlstand größeren Einfluss gehabt als Walschaps Roman „Houtekiet" aus dem Jahr 1939. Hat Hugo Claus die letzten sexuellen Tabus im heutigen Flandern niedergerissen oder sind seine Werke lediglich meisterlich geschriebene traurige Geschichten? Haben Streuvels, Gezelle und Van de Woestijne mit ihrem außergewöhnlichen Talent irgendeine Veränderung in Flandern aufhalten können oder waren sie lediglich Herolde ihrer Umgebung und ihrer Zeit?

Die Kluft zur Kultur überbrücken

Es ist schade, dass es heute so wenige christliche Intellektuelle gibt, vor allem Schriftsteller und Künstler, die nach außen überzeugend auftreten können. Sie könnten das als Christen tun. Sie könnten auch einfach kreativ sein, ohne die Notwendigkeit zu verspüren, werbend oder moralisierend zu wirken. Ein Christ wird seine Überzeugung jedoch nie verbergen können. Ist es Scham, die die christlichen Intellektuellen befangen macht, oder gibt es einfach keine mehr? Religiöse Scham – das ist ein typisch westeuropäisches Kulturphänomen, das es z. B. in den Vereinigten Staaten nicht gibt. Es ist ein Paradox, dass ein hochindustrialisierter, überaus wettbewerbsorientierter und materialistischer Staat wie die USA dennoch nicht areligiös ist, sondern sich im Gegenteil sogar deutlich zur Religion bekennt. Was das betrifft, ist unsere Gesellschaft verschlossen und engstirnig.

Eines der großen Dramen der christlichen Welt ist, dass sie den Kontakt zu den Trägern der Kultur verloren hat. Das hat sie sich zu einem guten Teil selbst zuzuschreiben, hat sie doch – früher noch stärker als heute – die Freiheit des Denkens und Sprechens innerhalb der Kirche beschnitten. In unserer Zeit wird jede Einschränkung der eigenen Freiheit als beklemmend empfunden. Das ist die „Modernität". In anderen Zeiten kam große Kunst sogar auf Bestellung oder im Auftrag zustande. So arbeiteten die Erbauer der gotischen Kathedralen, so malte Jan van Eyck. Sie entwickelten ihr Talent in einem vorgegebenen Rahmen. Heute wäre das undenkbar. Der heutige Künstler erträgt Bevormundung noch weniger als der moderne Mensch. Er erträgt allein Freiheit.

Selbstverständlich muss die Kirche Verwalterin der Wahrheit bleiben. Dazu hat Gott sie bestimmt. Sie muss die Autonomie des Zeitlichen noch stärker erkennen und der Kreativität Raum geben. Wie viele hat sie nicht verstoßen – um dann Jahre später stolz darauf zu sein, dass die Verstoßenen Christen waren!

Die Obsession durch das Sexuelle hat sicherlich viele Menschen der Kirche und Gott entfremdet. Der Künstler ist auf dem Gebiet noch sensibler als andere Menschen, weil er instinktiver und intuitiver ist. Wilhelm Reich hat die These aufgestellt, dass der Bruch mit den sexuellen Konventionen eine Bedingung für die Vernichtung der Familie ist. Von diesem Ausgangspunkt aus könnten die Struktur des Eigentums und damit der Kapitalismus untergraben werden. Die Haltung der Kirche zur Sexualität hat eine solche These erst möglich gemacht. Sie hielt die Menschen nicht für mündig genug, um zwischen größerer Freiheit auf der einen und Permissivität auf der anderen Seite zu unterscheiden. Tatsächlich muss man dieser Unterscheidung Rechnung tragen – die Menschen brauchen eine moralische Ordnung und eine Kultur der Askese. Die

Kirche jedoch verschließt sich zu sehr, indem sie eine defensive und wirklichkeitsferne Haltung des „Alles oder Nichts" einnimmt. Sexualität betrifft Menschen in der Tiefe. Viele fühlen sich daher gebremst oder in eine Haltung der Schuld getrieben, sodass sie bereit sind, mit denen zu brechen, die ihnen größere sexuelle Freiheit versagen, namentlich mit der Kirche und Gott. Die verschlossene Haltung der Kirche hat zur Folge, dass sie heute faktisch nicht in der Lage ist, den Kampf gegen die Entgleisungen der sexuellen Revolution zu unterstützen. Wie einst die Moral des Anstands das Herz verdorren ließ und so das Menschliche unterdrückte, so verschließt die Permissivität unserer Zeit das Herz für das religiöse Erbe.

Der Bruch zwischen Christentum und Kultur resultiert – stärker, als man gemeinhin vermutet – daraus, dass das Christentum den Freiheitsdrang des modernen Menschen nicht erkannt hat. Das Drama der Kirche ist, dass sie nicht nur die wissenschaftliche und die soziale, sondern auch die sexuelle Revolution verpasst hat. Nicht, dass sie allen in gleichem Maße hätte folgen müssen. Es ist ein Wunder, dass sie all das überlebt hat und zu Recht großes moralisches und spirituelles Ansehen genießt. Und doch – welch verpasste Chancen! Weil der Anschluss an große Gruppen der Gesellschaft fehlte, kamen viele nicht in Berührung mit der „revolutionärsten" oder „nonkonformistischsten" Botschaft, die es je gab: „Die Frucht des Geistes aber ist Liebe, Freude, Friede, Langmut, Freundlichkeit, Güte, Treue, Sanftmut und Selbstbeherrschung", sagt Paulus. Was für eine Aufgabe!

Der christliche Intellektuelle steht seiner Kirche und seinem Gott zur Verfügung. Er sollte jedoch sein eigenes Projekt entwerfen. Erst dann wird er in der Lage sein, Einfluss zu nehmen. Er ist Kind seiner Zeit und muss nicht künstlich und fundamentalistisch versuchen, folgsam zu sein. So erntet er weder Respekt, noch kann er sich selbst in die Augen schauen. Der Laie hat in der Kirche heute noch immer eine eingeschränkte Rolle, allen Erklärungen und Gremien zum Trotz. Freilich, durch den Bruch mit der modernen Kultur sind die Laien auch weniger zahlreich. Sie sind es auch, die eine Kirche intellektuell nähren, die mit einer immer kleiner werdenden Priesterschaft zurechtkommen muss, die sich nicht mehr aus der intellektuellen Spitze rekrutiert. Diese „Qualitäts"-Einbuße führt zu einem Mangel an Kreativität und zu blindem Gehorsam. Ohne eine intellektuelle Oberschicht kann auch die Kirche nicht überleben, wie fromm sie auch sein möge. Beides muss Platz haben: Denken und Beten.

Das Absurde und die Freiheit

Der christliche Intellektuelle wird seine Freiheit allerdings stets als Gabe wahrnehmen: Als Freiheit, die er von seinem Schöpfer erhalten hat, verbunden mit einer Aufgabe im Blick auf andere. Weil er Christ ist, teilt er nicht das anarchistische und manchmal destruktive Freiheitsgefühl vieler nichtgläubiger zeitgenössischer Schriftsteller. Der christliche Intellektuelle erkennt Grenzen seines Wissens an, die andere nicht anerkennen. Das macht ihn bescheidener und in den Augen nicht-gläubiger Menschen weniger frei. Für den Atheisten ist Gott *die* Begrenzung der eigenen Freiheit schlechthin. Für den Gläubigen setzt der Tod der Freiheit eine Grenze. Die Überwindung des Todes ist daher der Kern des christlichen Glaubens, so wie die Überwindung des Bösen. Die Freiheit, die Christen erfahren, wird stets von anderer Art sein. Aber auch die „Kinder" dieser Zeit wissen, wohin zügellose Freiheit führt. Die Grenzen von Freiheit und Abhängigkeit haben sich verschoben, doch sie existieren noch.

Der christliche Intellektuelle muss aus einem modernen Lebensgefühl heraus zeigen, wie frei ein Christ sein kann, weil seine Religion Antwort gibt auf ungelöste Fragen von Leben und Tod, von Gut und Böse – allerdings nicht als Kodex, sondern als Richtschnur. Ja, es gibt ein Leben bei Gott nach dem Tod des Individuums, wie sehr man auch versucht zu zeigen, dass der Mensch verschwindet, wenn seine Asche ausgestreut und von Wind und Meer davongetragen wird, wenn er „zum Staub zurückgekehrt" ist – wie unvorstellbar das auch scheinen mag. Es gibt freilich noch etwas anderes, das unvorstellbar ist: Wie kann jemand das Menschengeschlecht gewollt, ihm die Vernunft und einen Reichtum an Gefühlen gegeben haben, um all das im Nichts verschwinden zu lassen – ein eitles Abenteuer, wenige Jahre der Blüte, die einen glücklich, die anderen sehr unglücklich? Zu diesem Rätsel des Lebens sagt Christus, dass jeder eine Zukunft über den Tod hinaus hat, auf eine Weise, die Gott allein kennt. Wer sind wir, dass wir darüber Genaues wissen müssten? Man stellt dem, der der Ursprung des Alls und des Seins ist, nicht die letzte Frage. Das Wichtigste ist die Antwort der Auferstehung. Es geht um einen Sprung, der jedoch weder irrational noch sinnlos ist. Man kann ihn nur machen, wenn man sich von den rein menschlichen Kriterien löst. Das erfordert die Befreiung vom Hochmut oder, freundlicher ausgedrückt, das Anerkennen einer fundamentalen Abhängigkeit.

Jeder Mensch steht in seinem Leben vor der großen Entscheidung zwischen dem Absurden und dem Mysterium. Ich habe mich für das Mysterium entschieden.

So ist es auch mit der anderen großen Frage, der des Leids. Nicht umsonst hat man das Leid als „Fels des Atheismus" bezeichnet. Warum trifft es gerade mich und nicht einen anderen? Diese Frage stellt sich besonders, wenn es um Leid geht, das nicht von Menschen, sondern von der Natur zugefügt wird. Es bleibt ein Rätsel. Vielleicht gibt es das Leid, weil nicht alles in der Schöpfung programmiert ist, weil es das Unvorhersehbare und die Freiheit gibt. Die Schöpfung ist unvollkommen. Es ist am Menschen, sie zu verbessern, das Leid zu mildern und zu überwinden. Erst der Tod macht alles gleich. Warum will man unbedingt, dass Gott die beste aller möglichen Welten geschaffen hat? Muss Gott eingreifen und die Welt so verändern, dass sie den Wünschen der Menschen entspricht? Muss Gott der wohlwollende Herrscher sein, der den einen unverletzlichen Menschen in ein paradiesisches Universum stellt, in dem alles auf seinen Erfolg ausgerichtet ist? Wäre man da nicht Sklave eines Traums?

Gut und Böse unterscheidet der Christ mithilfe des Kriteriums der Nächstenliebe. Das ist das einzige Kriterium. Wie es zu füllen ist, hängt ab von Zeit und Umständen, ganz entscheidend aber auch vom Menschen selbst. Zunächst braucht er ganz grundlegend die Einstellung der Nächstenliebe. Diese Einstellung hat mit der menschlichen Natur zu tun, ist deshalb aber noch nicht natürlich gegeben, sondern bedarf der Anstrengung. Lässt der Mensch sich gehen, so herrscht der Egoismus vor. Schon Paulus sagte, dass er nicht das Gute tat, das er (ein)sah, sondern das Schlechte, das er nicht sah. Antidot gegen den verbreiteten Egoismus zu sein ist heute die entscheidende Aufgabe der Christen und all jener, die der christlichen Ethik verpflichtet sind. „Die Kirche braucht eher Heilige als Reformer" – das wusste man schon im 16. Jahrhundert. Der Satz ist wahrer denn je. Aber die Kirche braucht auch Menschen, die denken und dennoch glauben. Der christliche Intellektuelle muss aus einer inneren Notwendigkeit heraus schreiben, dichten, sprechen, filmen. Ein einheitliches Resultat, das für *die* christliche Sicht auf diese oder jene Sache sprechen würde, ist gar nicht nötig. Wir brauchen nicht in erster Linie eine Doktrin. Woran es fehlt, ist Zeugnis. Die Intellektuellen Mittel- und Osteuropas – vor allem die christlichen – zeigen uns, welche Rolle Menschen einnehmen können, die den Mut haben, zu ihrer Überzeugung zu stehen. Sie haben eine Gesellschaft reformiert. Unsere Aufgabe ist ungleich schwieriger: Was in Westeuropa reformiert werden muss, ist kaum zu fassen. Nicht Strukturen, sondern Geisteshaltungen müssen reformiert werden. Strukturen sind identifizierbar, Geisteshaltungen sind es nicht. Gerade heute sind sie schwer zu fassen: Es herrschen Chaos, Gleichgültigkeit oder einfach das Nichts. Wahrscheinlich steht auch Mitteleuropa vor einer noch größeren Herausforderung. Heute sehnt man sich dort nach Ehrlichkeit, Rechtschaffenheit, Reinheit – nach einem Ideal, ungeachtet der Auswirkungen, die jahrzehntelange Lügen auf die Moral eines Volkes haben. Rascher als man denkt kommt jedoch die Herausforderung der Konsumgesellschaft und bringt in den ehemals kommunistischen Ländern die gleichen Probleme mit sich, mit denen wir im Westen konfrontiert sind. Heute können wir von ihnen lernen.

„Und wenn du gegessen hast und satt geworden bist und prächtige Häuser gebaut hast und sie bewohnst, … dann nimm dich in Acht, dass dein Herz nicht hochmütig wird und du den Herrn, deinen Gott, nicht vergisst." (Deuteronomium)

Der Christ von heute bezieht Stellung in der sogenannten pluralistischen Gesellschaft. Wahrer Pluralismus bedeutet Austausch von Gedanken. Einst wurden die Dissidenten vom Christentum mit dem Bann belegt; heute gilt es bei Nicht-Christen fast als intolerant, einen christlichen Standpunkt einzunehmen. Die Rollen haben sich sehr rasch verkehrt. Die flämische Gesellschaft zum Beispiel ist verkrampfter, als man gemeinhin annimmt. Diese Spaltung freilich wird geschickt kaschiert. Es gibt aufeinanderfolgende Monologe, aber keine Dialoge. Zwar arrangierte man sich in Praxis und Politik bis vor Kurzem so, dass ein friedliches Zusammenleben möglich war. Doch unter dieser friedlichen Oberfläche herrscht mehr Missgunst, als man sich einzugestehen wagt. Mehr als deutlich wurde das in der Abtreibungsdiskussion. Das ist meine Erfahrung und die anderer, öffentlich zugegeben wird es nicht gern.

Manche behaupten, die Spaltung in der flämischen Gesellschaft sei eine Folge der „Versäulung". Eine pluralistische Gesellschaft sei erst möglich, wenn es auch vertikalen Pluralismus gebe, wenn sich also Unterricht, kulturelles Leben, Gewerkschaften und Wohlfahrtspflege nicht mehr nach Weltanschauung gliedern. Dann wird Diskussion zum kulturellen Leben gehören, während sie heute als Stellungskrieg geführt wird. Ist das so?

Die Diskussion würde natürlicher und klarer verlaufen, wenn bei den Gegnern der Versäulung kein parteipolitischer Hintergrund vermutet würde. Viele von ihnen zielen noch immer auf die Christdemokratische Partei ab und „hoffen", sie zu vernichten. Das ist ein alter Traum, der sich immer wiederholt. Es wäre letztlich eine Form von Ehrlichkeit und Klarheit, das dann auch zuzugeben.

Die Frage nach dem Sinn christlicher Organisationen kann in mehrfacher Hinsicht gestellt werden. Hat die christliche Welt das Recht, eigene Institutionen zu schaffen, wenn sie das für gut erachtet? Die Antwort ist zweifellos Ja, besonders dann, wenn man sieht, dass die „Konsumenten" sich frei für die Nutzung dieser Institutionen entscheiden.

Müssen diese Organisationen dann auch vom Staat subventioniert werden? Diese Debatte ist so alt wie die Geschichte der Staaten selbst. In Belgien wurde etwa entschieden, dass es keine wirkliche Freiheit des Unterrichts gebe, wenn Eltern für den

Schulbesuch ihrer Kinder untragbare Lasten auf sich nehmen müssten. Dass es Unterschiede in der Bezuschussung des freien und des öffentlichen Sektors gibt, wird als „Preis der Freiheit" gesehen. Man ging davon aus, dass ein Teil der Bevölkerung nur freie Schulen wollte. Das ist noch heute so.

Ob die Christen mit ihrer Entscheidung für eigene Institutionen richtig liegen, ist noch eine andere Frage. Doch weshalb müssen andere sich hier einmischen? Möchten sie die Christen ungefragt glücklich machen? Nun gut, jede Frage darf gestellt werden. Die Antwort ist: Jeder, der von der Universalität einer Botschaft durchdrungen ist, möchte diese auch an andere weitergeben: in der Familie, in der Schule, die er für seine Kinder auswählt. Wir dürfen die Religion nicht auf eine rein vertikale religiöse Beziehung reduzieren, obwohl auch die Weitergabe „reiner Religiosität" eine Aufgabe ist. Sie muss eine Rolle in der Gesellschaft spielen, nicht nach einem festen Schema, sondern aus innerer Notwendigkeit heraus. Das ist nicht auf Christen, nicht einmal auf Gläubige begrenzt. Es ist ein natürliches Streben. Die Trennlinie zwischen Erziehen und Aufdrängen ist immer unscharf. Kinder brauchen Sicherheiten. Zweifel dürfen nicht an Ästen wachsen, die sie noch nicht tragen können. Wie kann man zu Gott finden, wenn man noch nie von ihm gehört hat? Die christliche Welt von heute ist nicht mehr die gleiche wie die von gestern. Die Absolventen christlicher Schulen entwickeln sich in diverse Richtungen. Manche Schulen sind so „offen", dass ihnen der Identitätsverlust droht. Auch hier äußert sich „religiöse Scham": Man möchte keinesfalls als engstirnig gelten!

Gerade weil die Gesellschaft pluraler geworden ist, sind christliche Schulen heute sinnvoller denn je. Später im Berufsleben wird es noch genug Möglichkeiten geben, mit Menschen zusammenzuarbeiten, die die unterschiedlichsten Ansichten haben. Es ist gut, in jungen Jahren eine Basis mitbekommen zu haben. Auch im Erziehungsprozess selbst sind junge Menschen nicht isoliert: Die Medien „erziehen" mit, oder besser: Sie haben einen Einfluss, der oft größer ist als der der Schule. Erziehung muss um einen Kern herum stattfinden. Die Annahme, dass eine Vielzahl von Meinungen auf einen jungen Menschen einstürmen müsse, damit er sich später den großen Fragen des Lebens stellen kann, ist ein Hirngespinst. So beginnt er sein Leben eher als *bateau ivre*, als „trunkenes Schiff" (Rimbaud).

Die Offenheit des beruflichen Umfelds und die Mobilität des modernen Menschen machen den Pluralismus zu einer gesellschaftlichen Tatsache. Dass es christliche, liberale oder sozialistische Körperschaften gibt, zeugt nicht mehr von Isolation. Das ist in der Welt, in der wir leben, schlechthin unmöglich. Der Mensch darf jedoch Gleichgesinnte suchen, bei denen er sich zu Hause fühlt (vor allem, wenn es um Lebensfragen geht) oder wo er einen bestimmten Geist verspürt, der ihm liegt (das ist etwa unterschiedlich in einer christlichen und in einer sozialistischen Gewerkschaft).

Der sogenannte Mangel an Pluralismus ist daher in sehr entscheidendem Ausmaß ein falsches Problem. Heute ist es geboten, eine neue Argumentation zu entwickeln, um eine Reihe von Organisationen auf neuer weltanschaulicher Basis zu begründen.

Doch müssen diese Organisationen auch inspiriert sein, sie dürfen nicht zu bürokratischen, seelenlosen Holdings verkommen, die nur als Instrumente der Macht fungieren. Davon gibt es heute jedoch (noch) nicht viele, gewissen anderen Meinungen zum Trotz.

Die christlichen Intellektuellen müssen von ihrem eigenen Standpunkt aus mit den Andersdenkenden – die nicht die einzigen Frei-Denker sind – in einen Dialog treten. Dieser Dialog muss ruhig und unverkrampft sein, ohne Komplexe, und er muss sogar die Möglichkeit einschließen, dass Menschen wieder überzeugt werden können.

Der christliche Intellektuelle ist ein freier Mann. Das muss seine Anziehungskraft ausmachen in einer neuen Welt, die die Freiheit zum höchsten Gut erhoben hat. Der christliche Intellektuelle ist freier als andere, weil er von vielen Ängsten befreit ist und jederzeit auf Jemanden zählen kann. Der Einsame ist niemals frei. Der Christ ist niemals einsam. Er hat seinen Gott. „Du bist der Gott der Schwachen und der Helfer der Geringen; du bist der Beistand der Armen, der Beschützer der Verachteten und der Retter der Hoffnungslosen." (Buch Judit) Das ist nicht nur ein Trost, sondern ein Ausgangspunkt für Denken und Handeln.

II. Weisheit als Lebensziel

Auf der Suche nach Weisheit

Heutzutage herrscht große Nachfrage nach „Weisheit", nach einer Art Lebenskunst und Gleichgewicht. Das lässt auf ein Defizit schließen. Unsicherheit, sogar Angst, herrschen vor. Sie verengen unser Bewusstsein und stehen einem guten und ausgewogenen Urteil über uns selbst und andere Menschen im Weg. So gerät das Gute am Leben aus dem Blick.

Anders ausgedrückt: Die größte Hürde auf dem Weg zur Weisheit ist der Egoismus. Wer sich vor allem mit sich selbst beschäftigt, sieht Menschen und Dinge nur aus seiner Perspektive. Er projiziert seine eigenen Wünsche und Sehnsüchte, seine Frustrationen und Träume auf die Wirklichkeit – das Gegenteil von Weisheit. Weisheit ist eher ein *Lebensstil*. Sie führt nicht zur Wahrheit schlechthin. Dem Weisen ist letztlich bewusst, dass solche Wahrheit nicht von dieser Welt ist.

Ein faszinierendes Experiment in diesem Zusammenhang war meine Teilnahme an etwa zwanzig Ausstrahlungen der Fernsehsendung „Das Recht auf Antwort". Ich saß auf dem Podium der „Weisen" und musste nach einer kontroversen Diskussion über ein meist heikles oder delikates Thema ein Urteil abgeben. Meist ging es in der Diskussion hoch her; darauf war das Ganze angelegt. Die Weisen mussten dann entweder ein salomonisches Urteil fällen oder entschieden Partei ergreifen. Man kann seine Antwort vorher detailliert vorbereiten, inklusive der kurzen Slogans, die gut beim Zuschauer ankommen. Ich versuchte, den Argumenten beider Parteien zu folgen und mir während des Hickhacks der zwanzigminütigen Auseinandersetzung meine Meinung zu bilden. Meist fand ich dann, dass ich eigentlich mehr Zeit gebraucht und am liebsten keine Meinung zum Besten gegeben hätte.

Zuhören und sich in andere hineinzuversetzen – das ist die erste Voraussetzung für „Weisheit". Mit anderen Worten: Abstand nehmen von den eigenen Vorurteilen, herausfinden, was das „Gute" war, nach dem man streben sollte, und welcher der Opponenten diesem Guten am nächsten kam.

Der „Weise" sollte sich auch nicht durch Sympathie, Talent oder Attraktivität der Disputanten ablenken lassen. Auch davon muss er sich freimachen. Der Weise muss tatsächlich alles ablegen und zum Kern der Sache kommen. Aller Schein muss verschwinden, nur das „Sein" darf bleiben.

Wir müssen versuchen, die Wirklichkeit so zu sehen, wie sie ist, nicht so, wie wir sie uns erträumen oder wie sie einmal war. Der Weise ist weder Utopist noch Nostalgiker.

Der Weg zur Weisheit erfordert also einen gewissen Mut, vor allem, wenn die Entscheidung für diesen Weg nicht die ist, welche die eigenen Freunde von einem erwarten. Das ist oft noch das größte Problem. Einen wildfremden Menschen ins Unrecht zu setzen ist nicht so schwierig. In meinem beruflichen Leben musste ich oft verhandeln. Der schwierigste Moment eines Unterhändlers ist der, in dem er nach Hause kommt und seiner Gefolgschaft erklären muss, was seiner Ansicht nach die beste Lösung ist. Diese Leute stehen schließlich außerhalb der Dynamik der Verhandlung, sie waren nie mit der Meinung der anderen konfrontiert und beharren meist auf ihrer eigenen Sicht und darauf, dass sie recht haben. Natürlich darf der Unterhändler selbst niemals den Kontakt zu seiner Gefolgschaft verlieren. Auch hier ist es wichtig, zuzuhören – aber er muss auch den Mut haben, eine Entscheidung zu treffen, wenn er die beste Lösung für das große Ganze im Blick hat.

Der Weise sollte wissen, dass es viele „Wahrheiten" gibt, viele Interessen, viel Einseitigkeit und „Ich"-Sucht. Er sucht nach der Lösung, mit der jeder am besten leben kann.

Weisheit ist nicht der scheinbar perfekte Kompromiss, der zwar beiden Seiten suggeriert, sie kämen zu ihrem Recht, die Dinge aber nicht voranbringt. Keine Vereinbarung ist besser als eine schlechte Vereinbarung.

Der Weise darf auch keiner sein, der auf dem Status quo beharrt und nicht in der Lage ist, einen radikalen Standpunkt einzunehmen. Weisheit ist nicht Schwäche, im Gegenteil.

Der Weise darf sich über ein Unrecht oder eine Lüge empören. Allerdings geht es dann um Dinge, die anderen angetan werden. Er bleibt freilich nicht beim Gefühl der Empörung stehen. Der Weise ist nicht gefühllos, wohl aber leidenschaftslos.

Der Weise strebt danach, unabhängig von allem Eigeninteresse zu sein – von seinem eigenen, aber auch von dem anderer. Eigeninteresse ist der größte Feind des Guten oder des Allgemeininteresses.

Der Mann oder die Frau auf der Suche nach Weisheit ist auch nicht überheblich, nach dem Motto „es gibt nichts Neues unter der Sonne", alles sei bloß ein „Déjà-vu". Diese Haltung ist falsche Weisheit. Wer sie einnimmt, bleibt letztlich passiv und unternimmt nichts.

Der Weise muss die Menschen lieben, sonst kann er sich nicht in ihre Lebenswelt hineinversetzen und sie dazu bewegen, sich für das Gute zu entscheiden. Er ist ja kein Weltfremder, kein Misanthrop. Er gibt nicht nur kluge Ratschläge wie eine Art moralisierender Weltverbesserer. Er möchte Menschen bewegen, nicht nur Ideen. Er ist ein Mann der Praxis.

Um Weisheit zu suchen, muss man nicht „alt" sein – was auch immer das heißen mag. Meine Definition von „älteren Leuten" war immer „die, die älter sind als ich"! Erfahrung jedoch hilft natürlich, und die kommt mit dem Alter. Es ist typisch, dass man nach dem Wahn des Neuen und der Jugend nun immer stärker zur Weisheit aufblickt. Diese Tendenz wird noch zunehmen, da unsere Gesellschaft sich in eine Sackgasse begibt, wenn sie keine wirkliche Gesellschaft mehr ist, sondern eine Ansammlung freier Elektronen. Eigensinnig ist nicht gleich sinnvoll. Ältere Menschen haben es weniger nötig, ihrem Geltungsdrang Raum zu geben; sie müssen sich nicht beweisen. Eigentlich sollten sie eher in der Lage sein, unabhängig zu denken und zu handeln.

Weisheit wird im gleichen Maß an Bedeutung zunehmen, in dem die Flüchtigkeit und Oberflächlichkeit der Medienkultur zum Sättigungspunkt gelangt. Der Druck des „Jetzt" ist so gewaltig, dass oft Nonsens produziert wird. Jedes Ereignis, ob klein, ob groß, ob hier oder anderswo auf der Welt, muss binnen Minuten von Politikern oder Meinungsmachern eingeordnet werden. Die Meinung muss binnen weniger Sekunden in Worte gefasst werden. Das Ergebnis ist oft entsprechend. Hinterher möchte keiner sein Gesicht verlieren, und so klammert man sich so lange an vorher hastig formulierte Ansichten, bis der Krug zerbricht. Die Konsequenz ist, dass man eine andere „Wahrheit" auftischen muss. Die neue Wahrheit ist dann manchmal die noch nicht entdeckte Lüge. Eine Vierundzwanzigstunden-Wahrheit! Beim Bürger bleibt ein Gefühl der Unglaubwürdigkeit zurück. Weisheit also braucht Zeit und Abstand. So steigt die Chance auf Konsistenz und Nachhaltigkeit zusehends. Will die Demokratie glaubwürdig sein, bedarf sie der Weisheit. Der Mangel an Glaubwürdigkeit ist das größte Problem der heutigen Demokratien.

Der Weise hat also den Nutzen der anderen im Blick, mit anderen Worten: sein Glück *und* das Wohl aller, das Allgemeininteresse. Er strebt nicht nach Geld, Macht oder Erfolg. Diese Perspektive lässt sich indes gut in der Mikrostruktur einnehmen: In der Familie, im menschlichen Miteinander. Sie scheint kaum geeignet für die „harte" Welt des Berufslebens oder der Politik. Wer die harten Gesetze dieser Kreise nicht anerkennt und anzuwenden weiß, hat normalerweise nicht die geringste Chance.

Der andere ist dort schließlich vor allem Konkurrent oder Gegner. Die Beziehungen der Menschen untereinander sind funktional: Ich brauche dich oder nicht; heute bin ich auf dich angewiesen, morgen nicht mehr. Selbst diejenigen, die noble Ziele haben, wollen diese selbst erreichen und versuchen Mitbewerber, die das gleiche edle Motiv haben, auszuschalten oder zu überholen. Egoismus im Altruismus! Macht ist ein enormes Faszinosum für Menschen. Deshalb geben sie diese nie aus freien Stücken ab. Macht muss meist genommen werden. Die Tugend des Cincinnatus, der nach einer kurzen Zeit als Diktator im 5. vorchristlichen Jahrhundert wieder zu seinen Feldern zurückkehrte, ist eher selten.

Weisheit kann daher nicht losgelöst von Güte oder Glück betrachtet werden. Der Weise selbst ist deshalb noch kein guter Mensch. Wer das Gute sieht, tut es darum noch nicht. Das wussten schon Ovid und Paulus vor zweitausend Jahren. Doch wer das Gute nicht einmal sieht, der tut es auch gewiss nicht.

Weil es ein Zuwenig an Gutem gibt, einen ethischen Mangel, steht Weisheit wieder hoch im Kurs. Ein Paradox der modernen Gesellschaft ist es, dass die öffentliche Moral große Fortschritte macht, ohne dass die private Moral folgen würde. Ich gehöre zu einer Generation, die den Krieg nicht am eigenen Leib erlebt hat und von der stärksten sozialen Absicherung profitiert, die es je gab. Der Wohlfahrtsstaat ist eine Erfindung der letzten Jahrzehnte. Die technischen Entwicklungen haben das Leben komfortabler denn je gemacht. Weltweit gibt es weniger Armut und Hunger als in den Sechzigerjahren des vergangenen Jahrhunderts, ausgenommen ein großer Teil von Schwarzafrika. Auch wenn die Entwicklungszusammenarbeit noch nicht ausreicht, war sie doch nie intensiver als heute. Altruismus oder Solidarität waren im Großen noch nie so verbreitet. Ob die Menschen allerdings höflicher, gastfreundlicher, selbstloser und freundlicher zueinander sind als vor einigen Jahrzehnten, das ist sehr fraglich. Es ist bezeichnend, dass sich das Glücksgefühl umgekehrt proportional zum Pro-Kopf-Einkommen verhält. In Europa steigt das Glücksgefühl seit 1975 sehr leicht an, doch ist diese Steigerung deutlich kleiner als die Zunahme des Wohlstands. Die große Ausnahme scheint Belgien zu sein, wo die Zahl der Menschen, die sich glücklich fühlen, angeblich stark zurückgeht. Wie kommt das? Politisch betrachtet, übersetzt sich diese Beobachtung in eine starke Zunahme rechtsextremer Kräfte. In gesellschaftlicher Perspektive nehmen wir eine große Anzahl an Selbstmorden wahr, die Einnahme von Antidepressiva, Stress, Scheidungen, den Abbruch von Beziehungen und so weiter. Warum aber ist man in Belgien unglücklicher als anderswo?

Politiker können der Frage des Glücks als Kriterium für ihre Amtsführung nicht aus dem Weg gehen. „The only politics are the politics of love", sang Leonard Cohen vor vielen Jahren. Bei Edgar Morin, dem brillanten französischen Denker, las ich vor vierzig Jahren: „Eine Politik des ganzen Menschen muss die Liebe und die Wissenschaft integrieren." In den Worten von damals hieß es auch: „Marx und Freud ergänzen einander!"

Gibt es den Weisen überhaupt? Gar den politischen Weisen? Madeleine Albright, Außenministerin unter Präsident Clinton, schrieb dazu: „Idealiter sollte er oder sie das Gewissen eines Heiligen haben, die Weisheit eines Philosophen und den vorausschauenden Blick eines Propheten. In Wirklichkeit jedoch stolpern wir voran, so gut und so schlecht wir können, ungeachtet der Tatsache, dass es uns an allen drei genannten Tugenden mangelt.

Wir können daher nur auf der Suche sein nach größerer Weisheit.

Glück gesucht

Menschen suchen nach Glück. Aber was heißt das?

Für Buddhisten ist Glück die Abwesenheit von Leid. Der Weg dazu ist das Ablegen aller Sehnsüchte, da sie uns mit unserer fundamentalen menschlichen Begrenztheit konfrontieren, der tragischen *condition humaine*. Wer wenig oder nichts verlangt, vermeidet den Schmerz der Enttäuschung. Die größte Unabhängigkeit ist die vom Ich. Wer sie erreicht, findet Gleichgewicht und Seelenruhe, wird unerschütterlich gegenüber den Wechselspielen des Schicksals. Doch ist die buddhistische „Befreiung" nicht auch eine Verarmung? Das Verlangen ist der Quell allen Fortschritts, des materiellen wie des geistigen, auch wenn wir wissen, dass wir irgendwann an die Mauer der Endlichkeit unserer Mittel und der Vergänglichkeit aller Dinge stoßen. Die Erfüllung all unserer Sehnsüchte ist nicht von dieser Welt, aber die Menschen müssen mit dieser Tragik leben können. Selbst der Gläubige entgeht diesem Lebensgefühl nicht. Die Verabsolutierung der Sehnsüchte in den Formen der Verdummung, der Sucht, der Machtgeilheit und Ähnlichem ist jedoch nicht mit dem Streben nach dem eigenen Glück und dem der anderen vereinbar und führt zudem stets in den Untergang. Sehnsüchte zu haben ist menschlich und wünschenswert, sofern sie gemäßigt werden durch den Sinn für die Realität, für das, was möglich und was unmöglich ist. Auf dem Weg zur Weisheit lernt man, mit seinen Sehnsüchten umzugehen. Wer nach Weisheit sucht, kann sie besser orientieren und zügeln. Er darf sie jedoch nicht abtöten.

Glück ist auch etwas anderes als Genuss. Der Unterschied liegt nicht so sehr im Ziel, auf das beide sich richten, sondern im Gefühl der Erfüllung. Wer nach Genuss strebt, sucht zunächst sich selbst. Wer auf Glück aus ist, denkt an sich selbst und an die anderen. Glück ist nachhaltiger als Genuss. Der Glückssucher ist auch ein Sinnsucher. Der Sinn des Lebens liegt immer vor allem außerhalb von einem selbst.

Genuss muss nicht sinnlicher oder sexueller Natur sein. Man kann auch die Anwesenheit eines Menschen genießen, die Natur oder innere Schönheit. Genuss indes ist stets flüchtig. Der Glückssucher strebt nach einem Zustand, nicht nach einem Moment im „Hier und Jetzt". Er möchte das Gefühl des Behagens festhalten können. Der Glückssucher ist in gewissem Sinne ein Genießer, der sich nicht von der einen oder anderen Genusserfahrung betören lässt. Er hat seinen Genuss unter Kontrolle. Er meistert ihn.

Wenn Genuss allein leiblich verstanden wird, dann ist der Glückssucher einer, der sich der Endlichkeit dieses Gefühls bewusst ist und es in einen weiteren Rahmen einspannt, in ein Suchen nach Vollendung, nach Sinn-Fülle.

Viele Menschen nehmen Glück als kurzfristig und überrumpelnd wahr, als eine Art Ekstase, in der man buchstäblich aus sich selbst heraustritt. Eine Art mystische Erfahrung, in höchster Verliebtheit oder einer anderen Verführung. Diese Momente im Leben eines Menschen sind recht vereinzelt. Wer sie oft wiederholen will, wird sich erschöpfen. In diesem Sinne hatte Malraux recht, als er zu Präsident de Gaulle sagte: „Glück ist etwas für Dummköpfe."

Glück hat eher etwas mit Zufriedenheit zu tun, damit, in Frieden mit sich selbst und seiner Umgebung zu leben. Zufriedenheit meint dabei nicht etwa Resignation oder Schicksalsergebenheit. Eine solche Haltung würde in den Fatalismus führen. Zufriedenheit ist nicht passiv, sondern aktiv, weil sie nur vollkommen ist, wenn der andere (Mensch) auch eine wichtige Rolle in ihr spielt. Zufrieden kann man nur sein, wenn man um sich herum zufriedene Menschen sieht und das Gefühl hat, dazu beigetragen zu haben. Wer gibt, nimmt sich daher nichts. Geben muss nicht abgeben bedeuten. Wer jemanden zufriedenstellt oder „glücklich" macht, erhält immer etwas zurück. Modern gesprochen ist das eine Win-Win-Situation. In einer Macht-Beziehung will man dem anderen etwas nehmen, bis hin zu seinem Selbst, seinem Leben. Macht ist das Gegenteil von Liebe. Entartet eine Beziehung zum Kampf um die Vorherrschaft, ist sie verloren.

Der glückliche Mensch kann also kein Selbstsucher sein. Das bedeutet nicht, dass er keine Anerkennung oder keinen Respekt erwarten oder bekommen dürfte. Wer mit leeren Händen zurückbleibt, muss für sich selbst aufkommen, meist auf Kosten anderer.

Der Glückssucher darf sich selbst also nicht vergessen. Er ist kein Fundamentalist des Altruismus. Im Buddhismus wird das Ego aufgehoben. Es besteht nicht einmal, sondern ist ein fortwährender Strom chemischer Veränderungen, dessen Identität nicht benennbar ist. Der „Erleuchtete" hat das Selbst nach vielen Reinkarnationen abgelegt. Deshalb unterscheidet sich der Buddhismus so grundlegend von Christentum und Humanismus. Für den Christen ist jeder Mensch eingeschrieben in die Hand Gottes. Für den Humanisten ist „der Mensch das Maß aller Dinge". In diesem Sinne ist der Buddhismus nicht westlich.

Ein Radikalismus à la „Liebe deine Feinde" (Matthäus-Evangelium) allerdings ist übermenschlich. So wird der Eindruck geweckt, es ginge um die anderen, tatsächlich jedoch ist man gegen sich selbst. „Liebe deinen Nächsten wie dich selbst" ist viel realistischer und viel menschlicher.

In einer stark von Konkurrenz geprägten Welt wie der unseren, in der das Prinzip des *Homo homini lupus* (wo einer dem anderen ein Wolf ist) schnell dominiert, ist Güte selten, und der gute Mensch hat es schwer, zu überleben. Es findet ein *crowding out* statt, eine Verdrängung des Guten.

In einer extremen Situation konnte ein ganzes Volk in den Teufelskreis des Bösen geraten und aus Angst um das eigene Leben hinter einem verbrecherischen Führer herlaufen. Der Terror ist die Basis jeder Diktatur. Höhepunkte des wahnsinnigen 20. Jahrhunderts waren der Hitlerismus und der Kommunismus. In Ruanda redeten kriminelle Manipulatoren den Menschen ein, dass sie morden mussten, um nicht selbst ermordet zu werden.

Das Glück liegt also im anderen, in der Dauer, in der Selbstbestärkung. Doch im Menschen bleibt, allen Anstrengungen und allem „Glück" zum Trotz, das Gefühl eines Mangels, eine Sehnsucht oder ein Heimweh nach dem verlorenen Paradies. Wir müssen lernen, mit unseren Grenzen und unserer Endlichkeit zu leben, doch das ist nicht einfach. Am Ende der Reise steht der Tod, doch selbst ohne ihn gibt es das Bewusstsein, zu versagen oder Mangel zu leiden.

Der Gläubige erwartet, dass das Glück auch anderswo liegt. Es ist schließlich nicht „von dieser Welt". Wie es aussieht, wissen wir nicht. Der Gläubige rechnet damit, dass Gott „die Tränen trocknet" und die Einheit des Menschen wiederherstellt. Das Eine ist das Vollkommene. Der Mensch ist dem Wesen nach geteilt und gespalten. In seinem Herzen sind viele Tendenzen. Trotz aller Liebe und Freundschaft, die er gibt und empfängt, ist er auf unerklärliche Weise einsam. Er ist „zum Tod verurteilt". Das genau ist der „Himmel": die Aufhebung dieser Zerrissenheit.

Der Gläubige muss sich an das „Gebot" der Nächstenliebe halten. In gewissem Sinne ist das ein innerer Widerspruch. Liebe ist schließlich keine Liebe, wenn sie aufgezwungen wird. Der Gläubige fragt sich also regelmäßig, ob er wohl seine „Pflichten" erfüllt hat. So wird er leicht zum Opfer von Schuldgefühlen. „Habe ich genug getan?" Das kann sogar krankhafte Formen annehmen, aber darüber spreche ich hier nicht. Humanisten sagen mir, dass sie weniger mit Schuldgefühlen zu tun haben. Nun, jedenfalls ist „Schuld" in einer postmodernen Kultur mit einem starken Tabu behaftet. Schließlich darf man nichts bereuen, sich nicht umschauen. Doch nichts ist verkehrt an einem, der sich bessern möchte ...

Rein psychologisch sollte ein Gläubiger leichter „glücklich" sein können als ein Nicht-Gläubiger. Er sollte widerstandsfähig sein gegen die Versuchungen von Macht, Geld und Erfolg, die doch oft zu Enttäuschung und Frustration führen. Er sollte auch mit größerer Unbefangenheit auf die Dinge schauen können, weil er nicht allein Gefangener dieses Lebens ist. Das Glücksgefühl oder sein Gegenteil hat allerdings auch viel mit der Natur zu tun, die uns gegeben ist. Der eine hat „größeres Talent für das Glück" als der andere. Man kann üben, dazulernen und älter werden, aber das, was wir sind, steht zum guten Teil vom ersten Tag an fest.

Kurzum, der Glückssucher, der Gottessucher, der Sinnsucher, der Weisheitssucher – sie alle sind dieselbe Person.

Was treibt mich an?

„Ich ist ein anderer", sagte der große französische Dichter Rimbaud. Ein Leben lang sind wir auf der Suche danach, wer wir sind, was uns bewegt und warum wir tun, was wir tun. Da ist unser „Ich", doch da ist auch etwas anderes oder jemand anders in uns, den wir anschauen, als wäre es ein seltsamer Gegenstand. Die Lebenskunst sollte darin bestehen, dass das erste Ich immer mehr Zugriff auf das zweite erhält. „Wo Es ist, soll Ich werden", lautet die Grundregel Freuds.

So wie man andere anschaut, muss man auch sich selbst unbarmherzig untersuchen. Erst wenn wir uns selbst ohne Umschweife anschauen, können wir uns selbst korrigieren.

Ich zum Beispiel stelle mir die Frage, warum ich mich für die Politik entschieden habe. Habe ich mich entschieden, oder hat jemand für mich entschieden? Seit ich bewusst lebe, interessiere ich mich für das politische Leben. Seit meinem zwanzigsten Lebensjahr wusste ich, in welche Richtung ich gehen wollte, und ich wusste sogar, dass ich „Erfolg haben" würde. Warum diese „Berufung"? Fehlt einem heute eine gute Erklärung, sucht man die Antwort in den „Genen". Mein Großvater war in den Fünfzigerjahren des vergangenen Jahrhunderts Schöffe in der Gemeinde Betekom. Mein Vater arbeitete damals im Studienzentrum der Christlichen Volkspartei CVP. Reicht das als Erklärung aus? Und ging es um „Berufung" oder um „Ehrgeiz"? Seien wir ehrlich, vieles beginnt mit persönlichem Ehrgeiz. Das Ich möchte der Welt mit Hilfe seiner Talente mitteilen,

dass es existiert. Es geht nicht so sehr um die
„Macht", sondern um den Wunsch, „auszupacken",
um den Drang, ein besonderes Leben zu führen.
Später erst tritt die Faszination der Macht hinzu,
und dann gibt es zwei verschiedene Arten von Menschen: Die einen wollen herrschen, das heißt, andere
dominieren und sie diese Dominanz auch fühlen lassen. Sie wollen das Gefühl haben, mehr wert zu sein
als andere. Ein anderes Streben nach Macht ist eher
vom Ehrgeiz gekennzeichnet, zu den ersten gehören
zu wollen, an der Spitze zu sein, freilich ohne die
anderen abzuwerten.

Auf mich trifft eher das zweite Szenario zu. Ich
sage das nicht, weil ich mich besser darstellen wollte
als ich bin, sondern einfach weil ich das bei mir fest-
gestellt habe. Die Versuchung ist groß, die eigenen
negativen Charakterzüge zu verbergen und sich gut
darzustellen. So betrügt man sich selbst und/oder
die anderen gleich mit.

Hat man die selbst gesteckten Ziele mehr oder
weniger erreicht, so entsteht Raum für andere Trieb-
federn. Für einen Menschen, der seine persönlichen
Ziele erreicht hat, ist es einfacher, „gut" zu sein, die
Belange der Allgemeinheit über die eigenen zu stellen, „Gefangener des Allgemeininteresses" zu werden. Das geht reibungsloser, wenn wir zuvor eine
Humusschicht an Selbstvertrauen aufgebracht haben.
Größere Bewunderung hege ich für diejenigen, die
moralisch „besser" sein können, ohne zuvor erfolgreich gewesen zu sein. Sie sind die wahren Heiligen
oder Helden.

Der Staatsmann wird aus der Asche des Politikers
geboren, doch erst muss man Politiker werden kön-

nen, ohne dabei zu scheitern. Jeder braucht zunächst ein Fundament aus Selbstbestärkung und Selbstvertrauen, ehe er ein Gebäude aus umfassenderen, edleren Motiven errichten kann.

Das ist eines der Gesetze des Lebens. Wieder gibt es hier die Versuchung, die Politik als eine Art Apostolat darzustellen, als Priesteramt für Laien. Ich kenne Kollegen, die behaupten, so ins öffentliche Leben getreten zu sein. Ich glaube nicht an diese Sicht. Meine Erfahrung ist eine andere. Die eigenen hohen Prinzipien herauszuposaunen war noch nie förderlich. „Show not tell." Wir müssen uns selbst hellsichtig anschauen, das erste und das zweite Ich in den Blick nehmen. Wer das nicht tut, kann schließlich darin enden, dass er den eigenen Lügen glaubt. Im Leben mischen sich viele Motivationen. Man muss den Mut haben, sich das einzugestehen.

Die größte Zufriedenheit resultiert ohnehin nicht aus dem Machtstreben, sei es offen oder verborgen, sondern aus dem, was man für andere geleistet hat. Nur das „Gute" kann den Menschen mit so etwas wie dem Gefühl der Sinnhaftigkeit und sogar mit Glück erfüllen. Der Rest ist Selbstbefriedigung.

Das Problem der Ehrgeizigen ist, die Macht loszulassen. Sie tun sich schwer mit der Rotation, der Wachablöse und dem Machtwechsel. Ich spreche hier nicht von der „Erneuerung" oder „Verjüngung", die in dem Fall, den ich erlebt habe, lediglich Vorwand für einen Machtkampf war. Viele, die einst Macht hatten, enden verbittert. Machtstreben bringt Eifersucht mit sich. Talent wird eher erstickt als ermuntert. Sieben der jungen Menschen, die ich während meiner Zeit als Direktor des Studiendienstes der Christlichen Volkspartei CVP angeworben habe, wurden später Kabinettschef. Vier meiner damaligen Mitarbeiter wurden später Minister. Eifersucht ist ein Laster, das ich nicht habe.

Die Basis der politischen Demokratie ist der Wähler. Von den Gewählten und den Regierenden erwartet man, dass sie stets zeigen, dass sie nichts für sich selbst und alles für die anderen tun. Demokratie begünstigt in gewisser Weise Heuchelei. In diesem System darf niemand offen Machiavellist sein. Die „Macht" selbst freilich ist in einer Demokratie recht begrenzt. Es gibt so viele *checks and balances*, so viele Interessenverbände, so viele Wahlen, so viele politische Parteien, so viel Ausland, so viel Globalisierung, dass heftig um den „Anschein der Macht" gekämpft wird. Wahrnehmung und Symbole sind dann wichtiger als Wirklichkeit und Taten. *Esse est percipi*: Sein ist Gesehenwerden. Die Machtbesessenen üben ihre Macht denn auch stärker über Personen als über Tatsachen aus. „Ich nominiere den oder jenen, ich zerstöre oder fördere X oder Y." Das gibt Menschen, seien sie in der Politik oder nicht, das Gefühl, etwas Besonderes zu sein. Auch hier sind die Möglichkeiten in einer politischen Demokratie begrenzt – Ernennungen und Beförderungen etwa werden immer stärker entpolitisiert.

Oft frage ich mich, wie bestimmte Menschen – seien sie in der Politik oder nicht – handeln würden, gäbe es nicht den begrenzenden Rahmen der Demokratie. Welchem Lager würden sie beitreten, wenn sich morgen bei uns eine Diktatur etablieren würde? Wer heute mit Worten hingerichtet oder aufs Abstellgleis gesetzt wird, landete im Gefängnis oder würde zum Dissidenten. So mancher Menschentyp, auch jenseits der extremen Rechten, wird durch die Macht selbst angezogen oder passt sich allem an, um zu überleben. Ist das Regime, in dem solche Menschen zufällig leben, demokratisch, werden sie innerhalb dieses Rahmens arbeiten. Verändert sich der Rahmen, kollaborieren sie in einem anderen. Sie, und wir noch mehr, haben das Glück, in dieser Zeit zu leben. Auch hier gilt es also, klaren Blick zu behalten. Das ist kein Zynismus, sondern Klugheit.

Auch der Abkehr von „der Welt" und „der Politik" im Streben nach „Reinheit" kann eine heuchlerische Haltung zugrunde liegen. Diese antipolitische und weltfremde Auffassung entsteht oft aus Groll oder Scheitern, kommt jedoch im moralischen Gewand daher – im Gewand des Idealisten, der mit der bösen Welt zusammenprallt. Erwachsen sein heißt auch, die Welt und die Menschheit so anzunehmen, wie sie sind, und darauf aufzubauen, sie zu verbessern. Genauso wie wir uns selbst, unser zweites Ich, annehmen müssen, wie es ist, und davon ausgehend weiter arbeiten müssen.

Wir müssen ein Gleichgewicht aus politischem Realismus und ethischem Idealismus anstreben. In einer Welt voller Klippen ist das eine ständige Herausforderung. Wer dem Ersteren zu viel Gewicht gibt, endet in einem Pragmatismus ohne Vision, und wer zu stark idealistisch denkt und handelt, erreicht nichts. Dieses Gleichgewicht ist eine freie Übersetzung der berühmten Unterscheidung Max Webers von Gesinnungs- und Verantwortungsethik. Die Erstgenannte hat kaum ein Auge für Kompromisse und Machbarkeitsrücksichten, welche die zweite prägen, die viel berechnender und ergebnisorientierter ist. Christus, Franz von Assisi und Mahatma Gandhi sind Vertreter der Gesinnungsethik. Sie mussten diese Haltung zum Teil mit ihrem Leben bezahlen. Verantwortungsethik ist nicht möglich ohne das persönliche Gewissen, das Entscheidungen treffen muss – manchmal für das „geringere Übel", manchmal bis hinab zum ethischen Minimum, wenn es nicht anders geht. Diese Entscheidungen können Menschen zerreißen. Sie müssen nicht in Opportunismus oder reinen Pragmatismus münden. Es gibt Grenzen für Kompromisse.

Bin ich konservativ oder progressiv?

Viele haben davor Angst, „konservativ" genannt zu werden. Wer „beschuldigt" wird, konservativ zu sein, muss rasch einen Grund dafür erfinden, dass diese Bezeichnung nicht passt. Eine „weise" Haltung könnte einer Vorschrift des Koran folgen: „Bewahre das Gute des Alten und nimm das Beste des Neuen an." Alt und Neu sind also zu versöhnen. Aber was ist gut, und was ist das Beste?

Wie alle Begriffe sind die des Konservatismus und des Progressiv-Seins mehrdeutig. Die Einteilung in konservativ und progressiv spielt auf mindestens drei Gebieten eine Rolle:

Auf sozioökonomischem Gebiet entspricht diese Einteilung dem Gegensatz von Rechts und Links, dem uralten Gegensatz zwischen Freiheit und Gleichheit, zwischen privater und öffentlicher Initiative. Doch auch diese Gegensätze sind nicht dieselben, die sie einst waren. Der Schein trügt. Seit der Befreiung herrscht faktisch Konsens über den Begriff der Sozialen Marktwirtschaft. Er stammt aus der christlichen Soziallehre und wurde unter anderem deshalb nicht von anderen verwendet. Ideologisch jedoch profilierten Sozialisten und Liberale sich weiterhin durch ihre Sicht auf die Rolle des Staates in der Wirtschaftsordnung, sowohl was staatliches Engagement im betrieblichen Leben (Staatsbetriebe) anging wie auch im Hinblick auf die „Staatsquote" (Umfang der sozialen Sicherungssysteme, Steuer- und Abgabenlast). Die gemeinsame Regierung aus Sozialisten und Liberalen in Belgien (1997–2007) brachte auch ein Ende dieser ideologischen Gefechte mit sich und führte zu der Erkenntnis, dass wirtschaftliche Dynamik und soziale Sicherheit sich nicht gegenseitig ausschließen müssen. Parteipolitische Profilierung findet über (begrenzte) steuerliche Entlastungen und über (begrenzte) neue soziale Vorteile statt. Marginale Unterschiede werden mithilfe altbewährter Rhetorik aufgebauscht. In dem Versuch, mehr Wähler aus der Mitte des politischen Spektrums zu gewinnen, sind die Sozialisten manchmal die Ersten, die Steuersenkungen verteidigen (etwa die Abschaffung der Rundfunk- und Fernsehgebühren). Das gleiche Ziel verfolgen Liberale, die nicht als unsozial gelten wollen. So ergibt sich eine fast vollständige Konvergenz. Das macht es für Christdemokraten manchmal schwierig, sich auf diesem Gebiet von anderen zu unterscheiden, obwohl man sagen darf, dass das Original besser ist als die Kopie. Ideologische Konvergenz hat auch zur Folge, dass denen, die gegen das System sind, nur der Rechtsextremismus als Alternative bleibt. Doch auch jene haben es nicht einfach. Ihre Gefolgschaft unterscheidet sich stark von der breiten Bevölkerung. Deshalb sind die „Radikalen" Anhänger eines Indexlohns, bei dem die Kaufkraft stabil gehalten wird, und deshalb sind sie „asozial", weil sie gewerkschaftliche Organisationen ablehnen. Die belgischen Gewerkschaften sind die entschiedensten Gegner des Separatismus, eines der Hauptthemen der extremen Rechten. Wer auf Stimmenfang ist, kann es sich nicht erlauben, den Wohlfahrtsstaat anzugreifen oder ihn auch nur stellenweise aufzuweichen. Selbst das Thema Reformen ist wahltaktisch von hoher Sensibilität. So heißt es, in der Mitte zu trommeln.

Reformen, welche die Sozialsysteme bezahlbarer, effizienter und arbeitsmarktfreundlicher machen würden, stoßen in den politischen Parteien auf große Zurückhaltung. Grund hierfür sind nicht so sehr ideologische Ressentiments, sondern die Angst vor dem Wähler. Schon kleine Veränderungen im Wahlergebnis können über Mehrheit und Opposition entscheiden oder den Ausschlag für die Besetzung staatlicher Spitzenämter geben. Angst ist also zum Faktor für Unbeweglichkeit und Konservatismus geworden! Da ist das große Wort wieder. Relativ kleine Veränderungen können in der Konsequenz darüber entscheiden, ob ein umfassendes System wie unser Rheinisches Modell der Sozialen Markwirtschaft überlebt oder nicht. Regierungen bringen die nötigen „fünf Minuten sozialen Mutes" manchmal nicht auf. Doch kann man kurz vor dem Erreichen der Maßnahmen sterben und dabei das Ganze mit sich reißen.

In Belgien gibt es keine Gegner der sozialen Sicherungssysteme und des Wohlfahrtsstaats als solchen, doch wenn wir den Kurs nicht rechtzeitig korrigieren, setzen wir vieles aufs Spiel.

Konservativ und progressiv sind Worte, die auch auf immaterielle Dinge passen. Hierunter rechne ich zwei Probleme: Die sogenannten ethischen, die mit Leben und Tod oder mit der Sexualität zu tun haben, sowie jene, die im Zusammenhang mit der Multikulturalität stehen.

Bei den ethischen Problemen kommt der alte Gegensatz von Katholiken und Freidenkern wieder zum Vorschein. Wie immer gibt es auch hier Nuancen. Die Katholiken selbst folgen der Kirche nicht notwendigerweise in der Radikalität ihrer Standpunkte zu Abtreibung, Sterbehilfe und Ehe bzw. Verpartnerung von Homosexuellen. Die Herangehensweisen unterscheiden sich je nach den verschiedenen ethischen Themen. Ich kenne Christen, die eine laxe Haltung in Sachen Abtreibung verfechten (aus sozialen Gründen oder weil Abtreibung mit und ohne gesetzliche Regelung ein Faktum ist), aber viel zurückhaltender sind, was Formen aktiver Sterbehilfe betrifft. Unter Freidenkern sind diese Unterschiede deutlich geringer. Dem liegt sicher der Wunsch zugrunde, mit der christlichen Kultur zu brechen und den Kulturkampf beizulegen. Der einzelne Mensch ist sozusagen frei, keiner Macht oder Herrschaft unterworfen, er kennt weder einen Gott noch einen Herrn, er verfügt über sein Leben, seinen Tod und seinen Körper. Ein Naturgesetz gibt es nicht, nur das, was der Mensch selbst daraus macht.

Linke Mehrheiten in den Niederlanden, Deutschland, Spanien, Frankreich, Belgien und anderen Ländern führten ethische Reformen durch. Diese Reformen sind durch Wahlen kaum umzukehren, weil der Wähler seine individuelle Freiheit sucht und Lösungen begrüßt, die ihm weniger Anstrengungen abverlangen. In gewissem Sinne sind ethische Reformen populär. Der Wähler ist deshalb noch kein Freidenker. Das organisierte Freidenkertum selbst wächst nicht und vergreist rasch.

Die beiden sozioökonomischen Pole Links und Rechts sind in ethischer Hinsicht schlichtweg progressiv. Es ist bemerkenswert, wie Sozialisten, die sozioökonomisch gegen den Individualismus sind, diese Haltung in ethischen Fragen uneingeschränkt befürworten. Dabei ist es unausweichlich, dass jemand, dem geraten wird, in ethischer Hinsicht seinen eigenen Weg zu gehen, das auch auf anderen Gebieten tun wird. „Ich zuerst" kann letztlich sogar zu „Ausländer raus" führen. Der Solidaritätsgedanke ist unteilbarer, als die Linke manchmal denkt.

Wenn es um Multikulturalität geht, trennen sich die Wege klassisch linker und klassisch rechter Politik wieder. Die klassische Linke steckt im Diskurs der Solidarität, des Antinationalismus, des Gleichheitsgedankens. Darin geht sie oft so weit, dass sie die Unterschiede von Sprache, Kultur und Religion wegretuschiert und mit einem allgemeinen humanistischen Ideal überklebt. Toleranz und Respekt können so weit gehen, dass die angestammte Bevölkerung sich in ihrer eigenen Identität nicht mehr anerkannt fühlt. Die intellektuellen Ideale des Mai '68 prallen hier oft mit einer bodenständigen Basis zusammen. Eine Folge dieses Zusammenpralls war die massive Abwanderung linker Wähler zur extremen Rechten. Indem man die ideologische Latte zu hoch legt, begibt man sich in eine politische Situation, in der sie zu niedrig hängt: ein kapitaler Fehler.

Das zeigte sich in sehr typischer Weise, als das kommunale Wahlrecht für Nicht-EU-Bürger diskutiert wurde. In der Praxis geht es um einige zehntausend potenzielle Wähler, doch die Diskussion berührte das Identitätsgefühl der Menschen. Das Stimmrecht gehört zu den essenziell unterscheidenden Kriterien eines Landes. Statt andere zu integrieren, hat man viele Flamen der anderen Gemeinschaft entfremdet.

Die klassische Rechte folgt dem Extremismus auf diesem Feld nicht, sogar überhaupt nicht, ist in ihrer Wählerschaft jedoch sehr sensibel für Themen wie Sicherheit und Identität. Der sozioökonomische Individualismus bringt es auch hier mit sich, dass man nicht einfach spontan solidarisch ist.

Christliche Wähler an der Basis sind eher „rechts", wenn es um das Thema der Multikulturalität geht. Freilich, es ist typisch für die Nachfolger einer gesellschaftlich abgegrenzten Gruppe, dass sie ihre Eigenheit verteidigen. Muslime sind keine Christen. Dennoch herrscht in zahlreichen christlichen Gruppierungen die allgemein menschliche Haltung vor, alle Menschen als fundamental gleichwertig zu betrachten. Diese Gruppen setzen sich ein für illegale Einwanderer, für „Illegale" und andere. Der Großteil der gläubigen wie der Christen im Sinne der formalen Kirchenmitgliedschaft indes ist eher zurückhaltend. Das Menschen- und Gesellschaftsbild vieler Christen ist traditionell nicht besonders idealistisch, sondern von Realismus geprägt („der Mensch ist schwach und sündig").

Das Christentum ist einst rasch nach seiner Entstehung zur Massenbewegung geworden, die mit vielen Empfindlichkeiten und Machtfaktoren zurechtkommen musste. Der Glaube der ersten Christen (die alles teilten, was sie hatten) ist eine Art Mythos. Schon in den ersten Jahren des Christentums gab es Spannungen zwischen Juden und anderen; es gab Streit in den christlichen Gemeinschaften. Der Mensch ist kein Heiliger. „Wer vorgeben will, ein Engel zu sein, gleicht einem Tier." (Pascal) Und doch kann der Christ nicht „konservieren", wenn er seinen Glauben ernst nimmt. Er muss die Menschen und die Dinge stets verbessern wollen. In diesem Sinne muss der Christ progressiv sein.

Wenn wir nach dem Rechts-Links-Schema einteilen, geht es um den Gegensatz von Freiheit und Gleichheit, von Heteronomie und Autonomie, von Eigenheit und Offenheit. Die Parteien wechseln ihre ideologischen Lager, wenn es um eines dieser Themen geht. Beim einen Thema sind sie links, beim anderen rechts. Entwicklungen gibt es aber auch in der Zeit. So haben die Sozialisten in Belgien der staatlichen Einmischung in die Wirtschaft abgeschworen. Es war ein sozialistischer Premierminister, der die Glocke läutete, als der frühere staatliche Telefonkonzern RTT unter dem Namen Belgacom an die Börse ging. Es gibt noch mehr solche Entwicklungen bei Wählern, die den ideologischen Erneuerungen ihrer Parteien nicht folgen oder die ideologische Erstarrung ihrer Partei nicht mehr akzeptieren.

Der Wähler zappt, er tut dies aber in Wellenbewegungen. Der Zweifel und die Gespaltenheit unserer Gesellschaft finden auch ihren Niederschlag an der Wahlurne. Wer all diesen Wanderungsbewegungen folgt, geht als politische Partei selbst zugrunde. Die Erkennbarkeit einer politischen Linie und eines bestimmten Verhaltens zahlt sich auf die Dauer aus.

Das Gute

Das klassische Ideal lautet „Das Gute, Wahre, Schöne". Wie weit waren und sind wir von diesem Ideal entfernt?

Ich las ein Wort des Ausstellungsmachers Jan Hoet, worin er sagte, dass nur der Künstler wirklich lebt und alle anderen darauf angewiesen sind, zu überleben. Das ist natürlich recht anmaßend. Tauscht man den Begriff Künstler jedoch gegen Politiker, Prominenter oder Millionär, findet man Epigonen für diese Art „Weisheiten". Dem gegenüber steht der allgemeine Relativismus jener, für die wir nur „zum Tode Verurteilte" sind und daher nichts mehr die Mühe wert sei.

Was ist dann wertvoll? Was gibt unserem Leben Sinn? Wofür leben wir? Niemand begeht Selbstmord, weil er diese Fragen nicht beantworten kann. Selbstmord ist eine Krankheit, ein Zwangsgedanke, nicht das Resultat einer vernünftigen Überlegung. Jene, die sagen, dass ihr Leben keinen Sinn braucht, handeln wie Monsieur Jourdain bei Molière, der Prosa schreibt, ohne es zu merken. Sie schaffen Sinn, ohne es zu merken. Das Leben treibt uns voran. Es hat uns fest im Griff. Es fordert uns heraus. Bewusst oder unbewusst leben wir von Werten. Sie machen das Leben „wert-voll". Die Relevanz dieser Werte lässt sich natürlich nicht wissenschaftlich messen. Sie entspringen einer Entscheidung, oder vielmehr: Sie liegen großenteils in uns, und wir entdecken sie. Zwar kann man aus Menschen Bestien machen und ihnen jedes Gefühl für Gut und Böse nehmen. Wer kleine Kinder dazu bringt, Tiere zu töten, kann sie später zu Henkern machen. Wenn ein Mensch den anderen als Ding sieht, als Untermensch, landen wir in Auschwitz oder Ruanda. Doch unter normalen Umständen gibt die Natur uns ein Gewissen mit, das uns zeigt, was das „gute Leben" ist. Oft ist das Problem nicht, dass wir das nicht wissen, sondern dass wir es nicht wissen wollen. Wir sehen das Gute und tun das Böse. Gut zu handeln ist also in beträchtlichem Maße nicht eine Sache der Einsicht, sondern des Charakters.

Wer guten Menschen begegnet, die ihr Leben in den Dienst anderer stellen, wird davon ergriffen und angezogen. Das irritiert uns, und wir bleiben nicht der, der wir sind. Gute Menschen bringen uns dazu, dass wir uns Fragen über uns selbst stellen. Was haben wir getan? Oft folgt ein Schuldgefühl. Uns fällt ein, wo wir die Sünde der Nachlässigkeit begangen haben. Die Frage, ob wir es nicht besser könnten, darf uns nicht loslassen. Natürlich schadet das dem „Genuss", doch die Kurskorrektur, die wir vornehmen, bringt ebenso viel Genugtuung und Freude.

Je älter man wird, desto mehr Fragen stellt man sich. Es hat keinen „Sinn", lange im Vergangenen zu verweilen. „Lasst die Toten ihre Toten begraben", heißt es in der Bibel. Und doch können wir die Jahre, die uns bleiben, nutzen, um es eventuell (noch) besser zu machen. Warum sollen die letzten Jahre nicht genauso wichtig sein wie die ersten oder die mittleren? In moralischer Perspektive sind sie alle gleich viel wert.

Wer plötzlich erkrankt oder mit dem Tod naher oder geliebter Menschen konfrontiert wird, kommt oft zu der Einsicht, dass er seine Familie und andere vernachlässigt hat. Er oder sie hat das Wichtigste verpasst. Dennoch kehrt man in der Regel zu seinen alten Gewohnheiten zurück. Grenzsituationen sollten Gelegenheiten sein, um eine Art „Bekehrung" einzuläuten, um „anders zu leben".

Die Bewegung hin zu mehr Authentizität und Ethik ist stets die gleiche: Sie bringt eine stärkeren Lösung vom Ego und die Hinwendung zum Anderen mit sich. Zwar ist diese Bewegung nicht widernatürlich, doch ist sie genauso wenig selbstverständlich. Sie bedarf einer Anstrengung. Es reicht nicht aus, nur „man selbst zu sein". Manchmal muss man mit Menschen, Gewohnheiten, einer ganzen Lebenseinstellung brechen. Hier passt der Begriff der Bekehrung.

Ethik darf kein Feigenblatt für Geltungsdrang sein. Man will Geld, Stimmen, Ruhm, Macht, sexuellen Erfolg, Bekanntheit, Aufstieg – und wenn es gut läuft, ist Selbstzufriedenheit die Folge. Ich sehe so viele Menschen, die mit einem Herrscherblick in die Welt schauen oder von sich eingenommen sind, und ich frage mich, wie sie diese Haltung rechtfertigen. Meist haben sie selbst nach den Maßstäben „der Welt" nicht viel zu bieten. Andere haben weniger Erfolg in „der Welt", stellen sich zu Hause jedoch als unumschränkte Gebieter dar. Grotesk und peinlich. Als Kompensation oder Begründung des erstgenannten Macho-Verhaltens werden, etwa in der Geschäftswelt oder im Showbusiness, gern hochtrabende ethische Prinzipien angeführt: Arbeitsplätze schaffen, dem Volk dienen, die Ideale der Partei hochhalten, eine Botschaft verkünden oder die Menschen unterhalten. In unserer Selbstanalyse müssen wir den Selbstbetrug vermeiden. Ohne Mitleid gegen uns selbst müssen wir der Frage nachgehen, warum und für wen wir etwas tun.

Wer – etwa in der Politik – ein wichtiges Amt ausübt, meint, persönliche Eitelkeit gut damit kombinieren zu können, dass er etwas Nützliches für die anderen, für die Gesellschaft tut. Das gilt jedenfalls dann, wenn man nicht allein auf die Wahrnehmung anderer angewiesen ist. In der Opposition ist das deutlich schwieriger, weil sie in unserem Land überhaupt keinen direkten Einfluss ausüben kann. So droht Opposition zu einer Übung im Armeschwenken zu verkommen (*politique gesticulotaire*). Das mag noch „Sinn" haben, wenn die Zeit der Opposition eine Regenerationsphase ist, wenn sie zeitlich begrenzt ist. Nach sieben, acht oder elf Jahren ist es schon schwieriger, ihren Sinn zu erkennen. Deshalb ist es nötig, die eigenen Botschaften an die Öffentlichkeit „wert-voll" zu machen und zu zeigen, dass es noch andere Lösungen gibt als die einer zufälligen Mehrheit. Man betreibt nicht nur Politik, sondern kämpft um Ideen und Ideale. Nur dann kann Opposition Sinn ergeben. Den Zeitgewinn, den die Oppositionsrolle mit sich bringt, muss man nutzen, um über das zu sprechen und zu schreiben, was für die Gesellschaft gut ist. Man muss Aufgaben und Mandate übernehmen, die nicht in erster Linie lukrativ sind, sondern „im Grunde" wichtig für die Menschen. Weniger Makro, mehr Mikro.

Jeder muss sich an dem Platz, an dem er steht, die wesentlichen Fragen danach stellen, was er für seine Umgebung bedeuten kann. Für den Gläubigen gibt es hier eine weitere Dimension: Was ist Gottes

Wille? Was erwartet er von mir? Wie soll ich die Talente und Gaben einsetzen, die ich (erhalten) habe? Anders ausgedrückt: Suche ich Gottes Willen oder suche ich mich selbst?

Diese Fragen müssen nicht zu Trübsal oder Verkrampftheit führen. Sie können zur Aufgabe von Menschen werden, die mit sich im Reinen sind, die das Leben lieben und doch nach „mehr" verlangen. *In euch steckt mehr.* Es geht um das unablässige Bemühen auf unserem Weg zu einem Ziel. In gewissem „Sinne" macht der Tod alles absurd. Das Leben indes kann alles sinnvoll machen. Im Angesicht des physischen Endes, des Verschwindens – als hätten wir nie existiert – tun wir so, als hätten unsere Taten Bedeutung, ja als seien sie dauerhaft. Ist das die ultimative Illusion, oder ist es die einzige Größe des Menschen? Ich denke, es zeichnet den Menschen gerade aus und unterscheidet ihn vom Rest der Natur. Wie Gott unsere Bemühungen fortschreibt, wissen wir nicht. Väter haben ihre Unergründlichkeit, ihre Mysterien!

Das Wahre

Die *Wahrheit* ist kaum weniger subjektiv als ihre Schwestern in der Triade des „Guten, Wahren und Schönen". Obwohl wir im Zeitalter der wissenschaftlichen Wahrheit leben, der Befreiung von Illusionen dank Darwin, Marx und Freud, war das vergangene Jahrhundert auch das Zeitalter des Reichs der Lügen, des Nazismus und des Kommunismus. Doch auch in unserem Alltag stürmen Halbwahrheit und Lüge über Reklame und Propaganda auf uns ein. „Die Welt will betrogen sein", sagt man. Und doch gibt es auch hier einen Hang zur „Reinheit". „Nur die Wahrheit wird euch frei machen", sagt die Bibel.

Das Leben ist kurz, das Berufsleben noch kürzer. In wenigen Jahren muss man „es schaffen". Freilich, „Lügen haben kurze Beine". Die Frage ist jedoch, wie lange es dauert, bis die Wahrheit ans Tageslicht kommt. Viele lassen es darauf ankommen und scheffeln in der Zwischenzeit Geld, Erfolg, Bekanntheit, Freude und Spaß. Das hat man dann schon mal eingestrichen. „Das nimmt mir keiner mehr weg." Die Lüge ist dann etwas Funktionales. Sie steht im Dienste des „Ich". Die Wahrheit an sich gilt nichts.

Ich hatte immer meine Schwierigkeiten mit „Kommunikation", Profilierung, Kampagne, öffentlicher Wahrnehmung und dem ganzen Rummel. Nicht etwa, weil ich mich für etwas Besseres hielte, sondern einfach deshalb, weil mir diese Dinge nicht liegen. In der Politik muss man sich selbst oder seine Botschaft „verkaufen", sagt man. Ich kann durchaus nachvollziehen, dass die „Kinder des Lichts" sich nicht von den „Kindern der Finsternis" verdrängen lassen dürfen und dass man schon moralisch verpflichtet ist, die nötigen Mittel anzuwenden, um seine gute Sache zu verteidigen und voranzubringen. Propaganda mit Halbwahrheiten und mehr Schein als Sein mögen dann das kleinere Übel sein. Und doch verspüre ich ein gewisses Unbehagen.

„Transparenz" ist ein Modewort. Wo immer ein neues Wort auftaucht, bedeutet das, dass ein Mangel beobachtet wird, dem man abhelfen möchte. Transparenz meint meist dasselbe wie Wahrheit: die Dinge so darstellen wie sie sind. Glücklicherweise wehren sich Menschen gegen irreführende Werbung, gegen Interessenvermischung und Korruption.

Der Feind der Wahrheit ist die Lüge. Es kann jedoch auch die Illusion sein, die Scheinwelt. Menschen brauchen Träume. Sie motivieren und stimulieren. Illusionen machen die Menschen zu Gefangenen einer Welt, die es so nie geben wird. Die Sehnsucht nach dieser Welt prallt auf die Wirklichkeit und endet in Frustration, Enttäuschung und Verzweiflung. Es gibt den Kult der Reichen und Schönen, der Stars und Sternchen. Doch das ist eher die Welt der Fünfziger- und Sechzigerjahre des vergangenen Jahrhunderts. Man nennt das Eskapismus (Flucht aus der Realität).

Heute dagegen wird an allen Stellen demaskiert. Man möchte zeigen, dass die eine oder der andere, der Erfolg hat, in Wirklichkeit drogenabhängig, sexsüchtig oder depressiv ist. Die Desillusionierung erregt ebenso viel Aufmerksamkeit. Die Öffentlichkeit wälzt sich heute lieber im Unglück der anderen. Nichts darf Bestand haben. Als Reaktion suchen viele nach Authentizität, nach Echtheit. Vom Zynismus kann niemand leben. Er macht die Menschen leer.

Die Wahrheit lässt uns zur Ruhe kommen, sagt der große ungarische Schriftsteller Sándor Márai. Das stimmt nur, wenn die Ruhe das Ergebnis einer Suche nach Wahrheit ist, nicht aber, wenn sie dem Menschen übergestülpt wird. Dann wirkt Wahrheit nur ernüchternd und enttäuschend.

Es ist nicht gerade beruhigend, wenn man nach einiger Zeit feststellt, dass der Krieg im Irak aufgrund irreführender Voraussetzungen begonnen wurde, dass Regierungen ihre Wirtschaftsdaten fälschen oder beschönigen.

Die Menschen werden heutzutage mitgeschleift vom Karussell der immer höheren Erwartungen, die immer wieder zur harten Landung auf dem Boden der Realität führen. Die Verantwortlichen in Wirtschaft und Politik dürfen die Menschen nicht immer wieder auf Holzwege führen, sonst verlieren sie ihr Vertrauen, das wichtigste Bindemittel der Gesellschaft. Die verzweifelte Suche nach einem festen Anker treibt die Menschen schließlich in die Arme politischer und sonstiger Scharlatane. Enttäuschung und Widerwille können so groß werden, dass man der ersten besten Idee Glauben schenkt. Deshalb haben politischer Extremismus und Sekten heute so großen Erfolg. Kennzeichnend hierfür sind die Entwicklungen in Italien nach dem Zusammenbruch des politischen Systems am Beginn der 1990er Jahre. Die regierenden Christdemokraten und Sozialisten lösten sich nach Korruptionsskandalen in Rauch auf, und die Italiener griffen auf Berlusconi zurück, der zwar ein Betrüger und Bestecher, aber erfolgreicher Geschäftsmann ist. In nie gekanntem Umfang wurde über die Fernsehsender in Berlusconis Besitz politisch manipuliert. Gesetze und rechtliche Schritte wurden bemüht, um den Premierminister dem Zugriff der Justiz zu entziehen. Der Irrsinn führte letztlich dazu, dass er im Jahr 2006 selbst knapp die Wahlen verlor – nach vier Jahren sozio-ökonomischer und haushälterischer Misswirtschaft.

„Die Wahrheit ist schmerzhaft", sagt man. Deshalb muss sie oft verschwiegen oder verhüllt werden. Aus diesem Grund wird der Arzt dem Patienten oft die schreckliche Wahrheit über die Krankheit vorenthalten. Nur der, der die Wahrheit kennt, kann eine Illusion nehmen. In der Politik warnen die Kommunikationsprofis davor, unangenehme Wahrheiten zu verkündigen. Der Patient Wähler soll schließlich weiterträumen dürfen. Sprich nie über Steuererhöhungen, Stellenabbau, Zwangsmaßnahmen oder Arbeitszeitverlängerungen. Solltest du diese anstößigen Dinge getan haben, dann sag, dass es vorbei ist, dass du „Licht am Ende des Tunnels" siehst. Das Leben muss ein Fest sein! Dieses postmoderne Lied wird in Flandern lauter gesungen als anderswo. Die Geschichte von „Blut und Tränen" kommt angeblich aus dem Christentum. Die „Veränderung" ist die, dass es praktisch keine Probleme gibt.

Realos sagen, dass man dem Wähler etwas vormachen darf, um an die Macht zu kommen. Folgt man dieser Auffassung, so trifft man die nötigen Maßnahmen – meist sind sie unpopulär. Erst Stimmen kassieren, dann handeln. Der Wahlbetrug steht dann im Dienst des guten Ziels.

All das bedeutet freilich nicht, dass Menschen harte Wahrheiten lieben. Doch Lügen verabscheuen sie umso mehr.

„Jedem seine Wahrheit", lautet eine andere Formulierung (Pirandello). Sie spricht uns frei von der Pflicht, dem anderen zuzuhören. Die Wahrheit ist schließlich überall; die absolute Wahrheit nirgends. Manch einer geht so weit zu behaupten, dass Menschen mit einer Überzeugung gefährlich sind. Überzeugung sei Quelle von Fanatismus. Skeptizismus ist sicherer für die Menschheit. Doch warum soll es unmöglich sein, auf der Suche nach der Wahrheit zu Erkenntnissen zu gelangen? Wer sucht, entdeckt Wahrheiten. Die letzte Wahrheit freilich ist ein hohes Ziel.

Im Griechischen ist die Wahrheit das Unverhüllte, das, was sich uns zeigt. Doch das passiert nicht spontan. Die Wahrheit muss gesucht werden; sie ist von dichtem Gestrüpp umgeben. Wenn wir sie schließlich sehen, ertragen wir sie nicht immer – wir schrecken vor ihr zurück und decken sie wieder zu.

Ein Mensch im Gleichgewicht baut sein Leben auf das Fundament einiger Überzeugungen oder Wahrheiten über die Welt, die ihn umgibt. Mit der Wahrheit über ihn selbst kann er leben. Wir entdecken uns selbst, denn wir haben uns nicht selbst erschaffen. Wir nehmen unsere Möglichkeiten und Grenzen wahr, seien sie geistig oder körperlich. Wir sehen, was Zufall ist und was „wir" (wer immer das auch sein mag) selbst geleistet haben, was unser eigenes Verdienst ist. Das herauszufinden kann ein ganzes Leben lang dauern. Bereit für die „andere Seite" sind wir erst, wenn wir endlich erwachsen werden. Erkennen wir die Wahrheit über uns selbst, so ist das die Basis von „Zufriedenheit". Diese Zufriedenheit indes darf sich nicht zu rasch einstellen. Wirklich zufrieden kann und darf man erst sein, wenn man das Maximum aus seinen Möglichkeiten herausgeholt und seine Grenzen auf ein Minimum reduziert hat. Zufrieden darf und kann man erst sein, wenn der Andere im Zentrum steht und nicht man selbst. Dass man „man selbst" ist, ist nicht das Ziel, sondern die Voraussetzung. Wer in Frieden mit sich selbst lebt, kann offen sein für den anderen. Ohne diese Ausrichtung ist das „Selbst" eine welkende Pflanze.

Die letzte Wahrheit ist der Tod. Nicht-Gläubige behaupten, der Glaube sei eine Illusion, das Negieren der letzten Wahrheit. Gläubige sagen, dass der Tod so absurd ist, dass er nicht die letzte Wahrheit sein kann. Wir leben unser Erdenleben mit so vielen ungelösten Fragen (Mysterien), dass auch Raum sein muss für das Mysterium des Schöpfers. Da geht es nicht um das Irrationale, sondern um das Über-Rationale. Nicht gegen die Vernunft, sondern über sie hinaus. Ist der Glaube ein Trost, und ist jeder Trost eine Illusion, eine ausgestreckte Hand, ein Rettungsring? Es gibt eine große Sehnsucht nach Ihm, von dem alles ausgeht, ein Suchen danach, was Er von uns verlangt. Der Glaube gibt keine Sicherheit, und in diesem Sinne ist er kein definitiver Ruhepunkt, kein reiner Trost. Der Gläubige ist immer auf dem Weg – besonders der moderne Christ. Die Konfrontation mit der Wissenschaft und die historische Forschung haben den Glauben „bereinigt" und von einfachen Antworten befreit. Der Mensch Christus mit seinen Ängsten im Garten Getsemani und am Kreuz ist uns viel näher gekommen. Der Auftrag der „Nächstenliebe" ist eine deutlich größere Herausforderung als früher. Das „ewige Leben" ist rätselhafter geworden, seit wir uns den „Himmel" nicht mehr in unseren menschlichen Bildern vorstellen können. Der Gläubige ist mehr denn je Pilger und Suchender. Der Humanist ist sich des Todes sicherer als der Gläubige seines „Heils". Der moderne Glaube ist von manchen „Illusionen" befreit. Doch der Gläubige ist trotz alledem bei „seinem Gott". Diese Präsenz drängt sich ihm auf. Tut sie das nicht, ist er kein Gläubiger. „Unruhig ist unser Herz, bis es ruht in dir." (Augustinus)

Das Schöne

Der postmoderne Mensch ist für gewöhnlich ein
Skeptiker. Er weiß, wie die „großen Erzählungen"
ausgehen, seien sie religiös oder ideologisch. Die
Frage des Pilatus von vor 2000 Jahren bleibt: Was ist
Wahrheit? Wie sehr der Mensch die Sinnfrage auch
meidet – sie begegnet ihm stets aufs Neue. Ein Ersatz für Religion wird dann in „Kultur" oder „Poesie" gesucht. Man könnte auch sagen, in „Schönheit". Kultur freilich ist ein vager Begriff, und
tatsächlich gibt es eine Vielzahl an Kulturen. Am
einfachsten lässt sich Kultur als Gegenteil von Natur
beschreiben. Es geht also um die geistige Dimension
des Seins. Das „Geistige" lässt sich am einfachsten
beschreiben als alles, was nicht materiell ist. Viele
sind geneigt, jede „Fertigkeit" unter Kultur zu sub-
sumieren. Dann wäre auch Gastronomie Kultur.
Keinesfalls darf der Eindruck entstehen, man sei eli-
tär. Alle sind gleich. Doch warum sollten wir negieren, dass es Große gibt, die ganzen Generationen
zum Vorbild dienen? Dazu hat die Geschichte sie
ausersehen.

Die großen Künstler und Schriftsteller müssen
uns dabei helfen, unsere Lebensfragen zu beschreiben und Antworten auf sie zu finden. Die großen
Namen müssen uns aus der Oberflächlichkeit unserer Existenz befreien oder uns, wenn wir in eine
Grenzsituation geraten, Hilfe und Trost sein. Als ich
zwanzig Jahre alt war und ungläubig, las ich Albert
Camus. Ich erinnere mich, dass seine Texte über einen Aufenthalt in „Tipasa" an der nordafrikanischen
Küste ein enormer Trost für mich als jungen Mann

auf der Suche waren. „Die Bücher" können ein Ersatz sein für „das Buch". Die großen Romane der
Weltliteratur sind keine Übungen in Eskapismus, im
Herbeizaubern einer Traumwelt, in der wir einige
Stunden verweilen können. Diese Bücher sind be-
rühmt, weil sie Situationen, Fragen und Gefühle
schildern, in denen wir uns wiedererkennen. Sie sind
also real – anders als Fiktion. Große Romane drü-
cken natürlich auch Schönheit aus. Sie rühren und
verzaubern den Leser. Diese Bücher konfrontieren
uns letztlich mit uns selbst, nicht mit Personen, die
nur in der Fantasie existieren. Große Filme können
die gleiche Wirkung haben. Das Bild ist oft sogar
noch stärker als die Fantasie, auf welche die Literatur abzielt. Große Kunst reißt uns heraus aus der
Oberflächlichkeit. Haben wir gesehen oder gelesen,
sehen wir die Dinge anders als vorher. In diesem
Sinne ist das Werk großer Autoren oder Cineasten
nicht zur Entspannung da – sie machen uns neugie-
rig darauf, unser eigenes Leben und die Welt um uns
herum zu entdecken.

Poesie spricht stets eher Gefühle als Gedanken an.
Die Form ist bei Gedichten noch wichtiger als bei
Prosa. „Poesie ist Kummer", sagte der flämische
Dichter Anton van Wilderode einmal, weil sie einer
Sehnsucht entspringt, einem Schrei. Die Kunst, ei-
gentlich alle Kunst, entspringt aus einem ersticken-
den Gefühl: dem Unaussprechlichen einen Namen
oder eine Stimme geben (Bertus Aafjes).

Poesie ist auch Musik. Ohne Melodie in den Worten kann es keine Versform geben. Musik führt uns
in eine andere Welt. Sie verführt uns, auch wenn es
um Leben und Tod, Liebe und Abschied, Natur und

Gewalt geht. Deshalb ist Guido Gezelle, der flämische Priester-Poet, der größte von allen. Das sagt selbst Hugo Claus, wie links er auch sein mag.

Poesie ist eine Art Antidot gegen eine Welt des Rationalismus und der technischen Strukturen. Poesie ist Schönheit. Wiederum nicht als Fluchtweg, sondern weil sie die Gefühle und Gedanken, die in uns schlummern, in Worte bringt. Große Poesie gräbt diese Gefühle und Gedanken aus. Poesie lässt uns aufatmen und verschlägt uns in gewissem Sinne zugleich den Atem, weil sie uns dazu bringt, die großen Fragen des Lebens zu stellen. Poesie kann auch ein Trost sein, wenn wir erkennen, dass andere ähnlich tiefe Täler durchwandert haben. Die Schönheit der Worte beruhigt.

Ich bin ein bescheidener Haiku-Dichter. Ein Sonntagsmaler. Haiku ist weniger gequält, lebt aber doch vom Gefühl des Jahreszeitenwechsels, dem ewigen Rad des Daseins. Der Haiku-Dichter ist höchst aufmerksam für alles, was um ihn herum geschieht und ihm widerfährt. Er lebt nicht in Routine oder Oberflächlichkeit. Er hat das Staunen, die Quelle aller Kreativität, nicht verlernt. Er wird nicht gelebt, er lebt.

Wer regelmäßig liest, hört oder sieht, löst sich von sich selbst, unterscheidet das Wesentliche vom Unwesentlichen, ist besser gewappnet gegen Unglück und letztlich gegen den Tod. Philosophieren heißt sterben lernen, sagten schon die Griechen. Das gilt auch für die Dichtkunst.

Je älter ich werde, desto stärker berührt es mich, wenn ich Menschen von großer „innerer Schönheit" begegne, die man auch Güte nennen kann. In der

Welt, in der ich mich beruflich bewege, ist das eher die Ausnahme, und daher verwundern mich solche Begegnungen, und ich fühle mich von jenen Menschen angezogen. Vorbilder zwingen uns, uns selbst neu auszurichten. Schönheit fordert uns heraus.

Mit den Jahren verändert sich die „äußerliche" Schönheit. Hinter den Falten sieht man noch immer die Frau, die man liebt, oder den, den man einst schön fand. So betrachtet, ist Schönheit gar nicht so vergänglich.

In meiner Schulzeit nannte man die Sekundarstufe in Flandern „Humaniora" und brachte damit zum Ausdruck, dass Bildung den Menschen „menschlicher" (*humanior*) macht. Zwei Triaden mussten in der Erziehung entwickelt werden: Güte, Wahrheit und Schönheit einerseits und Verstand, Herz und Charakter andererseits. Der Kern jeder Erziehung ist noch immer der gleiche. Sie wird heute weniger direktiv sein als vor vierzig Jahren und mehr Fragen stellen als vorgefertigte Antworten geben, obwohl auch ich die Zeiten des Dogmatismus nicht mehr erlebt und kein Trauma davongetragen habe. Man stellte uns mehrere „Meisterdenker" vor. Die Galerie der großen Künstler und Schriftsteller wurde durchschritten. Nur die Besten waren gut genug für uns Jugendliche der zweiten Hälfte des vergangenen Jahrhunderts. Wir wurden nicht zu Geistesaristokraten erzogen, doch die Besten (*aristoi* im Griechischen) durften uns bewegen und inspirieren. Mensch wird man, indem man mit Lebenden umgeht – und bisweilen auch mit Toten. So betrachtet ist die Geschichte die „Lehrmeisterin des Lebens".

Ein Christ in der Politik oder christliche Politik?

Auf die Frage, ob ein Christ sich in der Politik engagieren darf, wird natürlich jeder rundheraus mit Ja antworten. Auf die Frage, ob er das auch „gerade als Christ" tun darf, fällt die Antwort in „vernünftigen" Kreisen durchweg negativ aus. Religion ist Privatsache, sagt man. Seltsam ist, dass man in denselben Kreisen milder urteilt, wenn es um den Islam geht. Ein Höhepunkt dieser Denkweise war das Buch *Anders geloven* (Anders glauben) von Steve Stevaert, dem ehemaligen Vorsitzenden der Sozialistischen Partei Flanderns. Stevaert kam zu dem Schluss, dass Glaube der Gesellschaft zuträglich sei, ging jedoch von der Feststellung aus, dass wir seit der Einwanderung zahlreicher Muslime in einer multikulturellen Gesellschaft lebten. Den Wert der Religion sah er im Nachgang zu dieser Entwicklung. Die Basis der europäischen Kultur indes ist nicht islamisch, sondern christlich.

Das Christentum glaubt an einen Gott, der Vater ist, aber es enthält auch eine Ethik. Die Güte Gottes fordert Menschen heraus, ihm auch darin nachzufolgen. Man kann gut (ein „Heiliger") sein ohne Gott, doch man kann Gott nicht lieben, ohne die Menschen zu lieben. Ethik ist die Orientierung auf den Anderen hin. Der Andere ist der Bezugspunkt, nicht ich. Wer sich nur auf sich selbst ausrichtet, ist nicht wertorientiert. Politik ist letztlich Ausdruck von Ethik. Der Gläubige kann und muss also Interesse am „Politischen" haben – nicht notwendigerweise an der „Politik".

Schwierig wird es, wenn man eine Konkretisierung des „Christlichen" versucht. Manche Extremisten von links und rechts beriefen sich einst auf Gott oder fanden, dass ihr Glaube nicht im Widerspruch zu ihrer politischen Einstellung stand. Weil Gott so tief in die „Seele" der Menschen eingreifen kann – bis vor einigen Jahrzehnten auch in Westeuropa –, ist die Neigung verbreitet, Gott zu gebrauchen und zu missbrauchen. Auch heute noch. Der britische Premierminister Tony Blair sah den Krieg im Irak als echte „Sendung". Präsident George Bush dachte, Gott stünde an seiner Seite. Demgegenüber standen Muslime, die annahmen, Allah führe und beschütze sie. Die Hisbollah ist die „Partei Gottes". Die Geschichte ist voll von Glaubenskriegen, zwischen und innerhalb von Religionen (Katholiken versus Protestanten, Schiiten versus Sunniten). Das führt aufgeklärte Menschen zu der Annahme, die Religion sei die Quelle so großen Elends, dass wir Glaube und Politik trennen müssen. Mit anderen Worten: Lasst Politik Menschenwerk sein. Das klingt vernünftig und weise.

Ein Gläubiger, der sich auf seine Religion beruft, muss sich dieser historischen Entgleisungen bewusst sein. Er darf daher kein Monopol auf seine politische Einstellung erheben und suggerieren, seine Entscheidungen seien „christlich" und alle anderen „unchristlich". Bescheidenheit ist also sicher angebracht.

Der christliche Politiker, der sich als solcher ausgibt, muss konsequenter und radikaler sein als alle anderen, wenn er Christus auch in seinem politischen Leben nachfolgen will. So macht er es sich besonders schwer. Er muss sich fragen, ob er tut, was Gott von ihm verlangt („*God's will must truly be our own*", J. F. Kennedy) oder ob er „an der Seite Gottes" steht (A. Lincoln), anstatt zu behaupten, Gott stehe an seiner Seite (Bush jr.). Nicht die Stimme aus dem Himmel inspiriert ihn, sondern die Stimme seines Gewissens. Die innere Stimme muss fortwährend geformt werden. Die innere Stimme muss zuhören und nachdenken, bevor sie spricht! Für manche ist Beten ein Mittel, um deutlich zu machen, dass sie nicht allein für eine Sache einstehen, sondern um Kraft bitten, damit sie klar sehen und handeln. Der Christ in der Politik kann nicht so weit gehen, „seine Feinde zu lieben", wie es das Evangelium verlangt. Das ist übermenschlich und nur etwas für Helden. Schon die Nächstenliebe des barmherzigen Samariters ist eine enorme Aufgabe: Dieser Mann half einem Feind seines Volkes, der deshalb noch nicht sein persönlicher Feind war. Der Nächste kann also jeder sein, nicht unbedingt der, der nebenan wohnt.

Es ist gut denkbar, dass jemand von dieser Botschaft und diesem Geist so erfüllt ist, dass er sich als „Christ in der Politik" bezeichnet. So legt er die Messlatte für sich selbst hoch und lässt sich von anderen an hohen Maßstäben messen.

„Christliche" Parteien oder Politiker legen die Latte indes nicht immer so hoch. In der Geschichte ging es oft um die Verteidigung einer christlichen Welt der Organisationen, Schulen und Verbände, um die „Säule". Die Christdemokratie war damals in gewissem Sinne die politische Vorhut der christlichen Welt.

Die Christdemokratie hat sich für eine bestimmte Gesellschaftsordnung entschieden. Sie ließ sich durch die christliche Soziallehre beeinflussen, wie sie in päpstlichen Enzykliken festgelegt ist. Diese kirchliche Lehre wurde nicht von den Päpsten erlassen, sondern ist vielmehr von unten her gewachsen und dann in einem Dokument festgehalten worden. Der Geist dieser Lehre wurde von der sozialen Marktwirtschaft geformt; mit anderen Worten: Verhandlungen zwischen den Sozialpartnern, Aussöhnung von Kapital und Arbeit, ein gesundes Wirtschaftssystem mit hoher sozialer Sicherheit. Zusammenarbeit und Versöhnung waren und sind die Leitmotive. Das Menschenbild dahinter ist realistisch („Der Mensch strebt nach seinem eigenen Vorteil"), zugleich aber voluntaristisch (organisierte Nächstenliebe). Diese Idee der sozialen Marktwirtschaft kann von Nicht-Gläubigen geteilt werden.

Andere Christen entscheiden sich indes für ein radikaleres sozioökonomisches Konzept mit einer „Option für die Armen". Viele geraten dabei in marxistisches und autoritäres Fahrwasser. Andere haben Schwierigkeiten mit dem faktischen Mix, der christdemokratisches Regieren auszeichnet – sie meinen etwa, dass das Pendel zu stark in Richtung des Ökonomischen oder Sozialen und zu wenig in Richtung des Ökologischen ausschlägt. Die „Versöhnung" ist also noch nicht erreicht. Wieder andere sind der Meinung, die „christliche" Partei tue zu wenig auf Gebieten, die ihr wichtig sind, z.B. Sicherheit und Steuersenkungen. Sie finden, es brauche keine Partei mit einem „C" im Namen, weil diese Partei kaum auf ihre Bedürfnisse eingeht. Doch damit lehnen sie ein rein politisches Programm ab und ziehen daraus einen ideologischen Schluss. Für viele Probleme gibt es indes keine „christliche" oder christdemokratische Lösung.

Es ist auch möglich, dass christliche Politiker sich nicht so verhalten, wie es ihren eigenen ethischen Prinzipien entspricht, und sich als Person oder Gruppe durch Korruption, Günstlingswirtschaft oder Klientelpolitik versündigen. Es kann auch sein, dass sie schlichtweg unfähig sind.

Wieder andere begrenzen den christlichen Aspekt in der Politik auf sogenannte ethische Fragestellungen. Sie folgen einer orthodoxen Linie, wenn es um Themen wie Abtreibung, Sterbehilfe, Ehe und anderes geht. Auf anderen Gebieten, etwa dem sozioökonomischen, stellen diese Menschen sich jedoch selten die Frage, ob ihr Handeln mit ihrem Glauben und der dazugehörigen Ethik vereinbar ist. So ist die Kluft zwischen den Prinzipien des politischen und des privaten Handelns oft groß.

Wie dem auch sei, jeder hat das Recht, sich als Christ in der Politik oder als Partei mit christlichen Prinzipien oder Hintergrund in der Politik zu bezeichnen. Wer das tut, wird indes feststellen, dass diese Entscheidung viele Risiken birgt. Niemand hat jedoch das Recht, einen Alleinvertretungsanspruch auf die Bezeichnung „christlich" zu reklamieren. Diese Bezeichnung wird stets eine Intention sein, keine Prätention. Und doch muss erkennbar sein, was dahinter steht. Sind christliche Parteien nicht „anders als andere", dann brauchen sie kein „C". Anders nicht nur in den Inhalten ihrer Politik, sondern auch im persönlichen Verhalten und im Umgang mit Menschen. In einer Welt, in der die Kirche keinen Machtfaktor mehr darstellt und in der die Bindung an den „politischen Arm der christlichen Säule" recht schwach geworden ist, gibt es mehr Raum für Authentizität. Verkörpert wird diese Authentizität unter anderem durch Menschen. In der Politik geht es schließlich nicht so sehr um die großen Prinzipien, sondern darum, wie man sie implementiert. In einer Zeit, in der die sogenannte öffentliche Meinung der Kultur der großen Worte und großen Versprechungen skeptisch gegenübersteht und nicht mehr an die großen ideologischen Erzählungen glaubt, suchen viele nach Menschen und Parteien, die wahrhaftig und authentisch sind. Werte sind wichtiger geworden. Sie sind die letzte Zuflucht vor dem Extremismus.

Wie überlebt das Christentum das 21. Jahrhundert?

Marguerite Yourcenar sagt, es habe eine Zeit von etwa zweihundert Jahren zwischen den Kaisern Trajan und Konstantin gegeben, in der es keinen Gott und keine Götter gab. Die römischen Götter waren tot, der Gott der Christen noch marginal. Ich frage mich, ob wir 1700 Jahre später nicht den langsamen Tod des Christentums im Westen miterleben. Das Absterben des religiösen Empfindens und der Glaubenspraxis im Laufe weniger Jahrzehnte ist tatsächlich ein Kulturphänomen. Es geht um die Krise des Glaubens. Die Krise der Kirche ist nur eine Konsequenz. Das macht den Bruch so tiefgreifend. Institutionen können „erneuert" werden, aber wenn es um die Inhalte geht, um die Grundlagen, ist der Zustand deutlich ernster. Es geht also um mehr als nur darum, eine „andere Sprache" zu finden, als ginge es um ein Kommunikationsproblem.

Das Bedürfnis nach Gott verblasste in dem Maße, in dem der Mensch weniger Angst zu haben brauchte vor einem frühen Tod, vor Krieg, vor Armut. Friede, wachsender Wohlstand und soziale Sicherheit machten den modernen Menschen selbstständiger und weniger abhängig, autonomer und weniger heteronom. Gott ist nicht mehr so nötig. Es gibt keine Sehnsucht mehr nach ihm. Und doch: Das Glücksgefühl nimmt nicht zu. Materielle Ängste verblassen, doch die Lebensangst weicht nicht. Wir „genießen" mehr, brechen aber auch leichter zusammen.

Gott darf kein Trost sein, aber irgendwo müssen wir doch Trost finden, um der existenziellen Not zu

144

entkommen. Viele jedoch blenden die Tragik von Krankheit, Leid, Trauer und Tod aus. Wir tragen keinen Trauerflor mehr, um an einen lieben Verstorbenen zu erinnern. Das Leben muss weitergehen.

Auf die Frage nach dem Sinn wird geantwortet, es müsse gar keinen letztgültigen „Sinn", kein „Ziel" geben. Wir wissen, dass wir endlich sind, in der Erde verschwinden müssen, im Feuer, im Kosmos. So sei das eben, sagt man.

Das intellektuelle Gebäude des Christentums ist nie zuvor derart erschüttert worden wie durch die Evolutionstheorie Darwins. Der Mensch ist kein Endprodukt mehr, sondern ein Glied in der Kette. Warum sollte diese Phase, der Mensch, durch Gott auserkoren sein? Warum tauchte er so spät in der Naturgeschichte auf? Der Mensch ist nicht gewollt oder geschaffen, sondern Produkt des Zufalls. Ein paar Grad Celsius mehr, und es hätte die Menschheit nie gegeben. Warum soll jeder Mensch „in Gottes Hand eingeschrieben" sein? Freud erklärte zudem, dass wir nicht die rationalen Wesen sind, für die wir uns halten. Wir sind das Resultat unbewusster Triebe, Impulse und Instinkte. Die Biologie ergänzte dazu den genetischen Code. Wissen wir also, wer wir sind, was uns antreibt? Sind wir frei, oder arbeiten alle möglichen Kräfte in uns, die uns zu dem machen, was wir sind? Wie soll alles einen „Sinn" haben, wenn wir nicht einmal selbst wissen, wer wir sind?

Die Kirche schwankt seit Jahrhunderten. Sie hat die Renaissance mit geschaffen und hat sie überlebt, wenn auch durch die Abspaltung des Protestantismus; doch die Französische Revolution und die

Aufklärung hat sie nicht vollständig verdaut. Die sozialen, wissenschaftlichen und sexuellen Revolutionen der vergangenen zweihundert Jahre hat die Kirche nicht oder manchmal nicht schnell genug begriffen.

Auf sozialem Gebiet entwickelte sie indes eigene Ideen und bündelte sie in der christlichen Soziallehre. Auf dem Gebiet der Wissenschaften war es sogar ein (belgischer) Priester, Georges Lemaître, der mithalf, die Urknalltheorie zu entwickeln.

Die kirchlichen Machtstrukturen brachen nach 1789 zusammen. In zahlreichen westeuropäischen Ländern verschanzte sich die Kirche seit dem 19. Jahrhundert erfolgreich in einer sogenannten Säule aus eigenen Schulen, sozialen Einrichtungen und Organisationen, doch die Krise des Glaubens im Westen nimmt diesen Institutionen ihr Fundament: den christlichen Geist.

Ein dramatischer Moment in der jüngeren Geschichte des Glaubens im Westen war die Enzyklika *Humanae vitae* (1968), welche die Antibabypille aus düsteren moralphilosophischen Gründen verdammte. Alle Religionen tun sich schwer mit dem Sexuellen. Vielfach streben sie danach, auch das Privatleben der Menschen regulieren zu wollen, um „Herzen und Köpfe" zu beherrschen. Die meisten Frauen reagierten mit Unverständnis auf die Enzyklika. Die „Pille" gab Frauen und Familien schließlich die Möglichkeit, ihren Kinderwunsch selbst in die Hand zu nehmen. Das empfanden auch Katholiken als echte Befreiung. Die große Kluft zwischen den „Gläubigen" und der Kirche datiert nach der Veröffentlichung von *Humanae vitae*. Das gleiche Unverständnis herrscht heute gegenüber der Verurteilung von Kondomen als Mittel zur Aids-Prävention. Doch es geht wie gesagt um mehr als nur eine Krise der Kirche.

Glaube und Kirche polarisieren heute nicht mehr so stark wie noch vor ein oder zwei Jahrzehnten. Sie sind nicht mehr wichtig! Die Welt geht auch ohne sie weiter. Das ist eine Art Implosion, wenn sie auch nicht mit der des Kommunismus zu vergleichen ist, der nach knapp siebzig Jahren geräuschlos verschwand.

Haben Christentum oder Spiritualität also keine Zukunft mehr? Es wäre falsch, das Problem auszublenden und zu behaupten, „die Welt" liege falsch und die geistige Leere – die es durchaus gibt – werde die Sehnsucht nach Gott und Christus früher oder später wieder entfachen. Nach dieser Auffassung müsste die Kirche nur trotz aller Stürme das Banner des Glaubens hochhalten, und früher oder später kehrten die Schäflein schon zurück.

Trotz allem: Die Kirche ist „meine" Kirche, und ich frage mich: Was muss ich tun? Zuerst und vor allem müssen die Kirche und die Christen ihre Zeit und ihre Welt mehr lieben. Wollen wir den Gang der Dinge beeinflussen, dann müssen wir noch stärker an ihm teilhaben und uns vor allem nicht wie eine Sekte zurückziehen. Die Kirche muss die enormen Errungenschaften der Moderne, die das Leben der Menschen freier, gesunder und sicherer gemacht haben, stärker integrieren. Das ist keine Frage der Taktik, sondern der Überzeugung. Nur dann kann sie auch Alternativen zu der Sackgasse aufzeigen, auf die unsere Gesellschaft zusteuert. Wenn jeder zum Gefangenen seiner selbst wird, wird er erst geistig verarmen und in der Folge geistig sterben. Nur der Andere kann dem Dasein letztlich Sinn geben. Menschen schenken einander Sinn. Wer nicht im Anderen lebt, wird gelähmt. Er gibt das Leben nicht weiter und ergreift auch keine wirtschaftliche Initiative. Die Orientierung auf den Anderen zügelt Gier, Missgunst und Untreue; sie stimuliert Engagement, Vertrauen, Vergebung, Versöhnung, Hoffnung. Den Anderen um des Anderen willen zu lieben, für ihn Verantwortung zu übernehmen und zu sorgen ist eine Antwort auf die Verzweiflung. Das bedeutet, den Anderen nicht wahrzunehmen als Kunden, Wähler, Zuschauer, Körper oder Gegenstand. Die Kirche sollte sich weniger mit den Techniken der Liebe beschäftigen und mehr mit dem Ziel – der Liebe. Als Gegenpol zur Ich-Kultur wird das Christentum die unausgesprochene Frage nach dem Sinn beantworten. Die „Umwertung aller Werte" ist das Ersetzen von „Ich" durch „Du" und „Wir". Das ist ein Zurück zu den Wurzeln.

Doch wo kommt Gott vor in dieser Geschichte? Ungläubige sprechen von Gott in rein menschlichen Begriffen. Sie fragen sich, warum Gott das Leid oder Auschwitz zulässt, wenn er doch der Allmächtige und Allgute ist. Sie leugnen nicht so sehr das fundamentale Mysterium von Leben und Tod, bestreiten aber, dass Gott die Antwort ist. Der Gläubige trifft eine andere Entscheidung.

Im Angesicht des Gebirges an Fragen bezüglich dessen, wer wir sind und wo wir hingehen, glaubt der Gläubige, dass es jemanden gibt, der Antworten geben kann. Er überlässt sich Gott und vertraut darauf, dass er ihn letztlich nicht im Stich lässt, denn wenn er der Quell allen Lebens ist, wird er auch gewollt haben, dass dieses Leben ein Ziel hat. In diesem Sinne ist Gott nicht nur Schöpfer, sondern auch Vater. Deshalb ist das Christentum eine lange Liebesgeschichte. Das Christentum ist nicht möglich ohne Christus. Er ist der einzige religiöse Held, der gelitten hat und unschuldig getötet wurde. Der Held des Christentums wurde hingerichtet. Milliarden von Anhängern im Laufe von zweitausend Jahren folgen einem Vorbild, das der absoluten Macht zum Opfer gefallen ist! Der Gott, der Auschwitz zuließ, wie manche sagen, hat selbst gelitten. Deshalb ist er ein mit-leidender Gott.

Das Christentum findet sich also nicht ab mit der Sicht des Menschen als „Verkehrsunfall", als Missgeschick und Zufallsprodukt aus Atomen und Hormonen. Selbst wenn wir nur das wären, wären wir als Menschen besonders, einzigartig in der Schöpfung. Der Ruf des Menschen nach „Mehr", nach „Besser" ist auch ein Ruf nach Gott. Die Kosmologie, die Evolutionstheorie, die Psychoanalyse und die Humangenetik können am letztlich „Besonderen" des Menschen nicht vorbeigehen.

Gott übersteigt alle menschlichen Maßstäbe, Vorstellungen und Gedankengänge. Er ist jenseits unserer Wahrheiten und unseres Verstandes. Er ist auch nicht der Gott der Philosophen und der Theologen. Gott ist ein Geheimnis, das Antwort gibt auf die Geheimnisse unseres Lebens und Sterbens.

Glauben setzt eine gewisse „Einfalt des Herzens" voraus. Manche werden sagen, „eine gewisse Naivität". Das ist keine typische Eigenschaft unserer Zeit.

Unserer durch und durch vom Konkurrenzdenken geprägten Gesellschaft mit ihrer Entzauberung von Menschen und Meinungen durch die Medien ist ein gut Teil ihrer Unschuld verloren gegangen. Die Folge sind Argwohn, Misstrauen und Zynismus. Wieder und wieder wird gezeigt, dass Radrennfahrer Betrüger sind, Wohltäter Profiteure, angesehene Bürger Sex-Besessene, Priester Pädophile und so weiter. Deshalb gibt es das Heimweh und das Verlangen nach Authentizität, danach, nach den eigenen Prinzipien zu leben, wahrhaftig zu sein. Diese Ehrlichkeit muss bei den Jüngern Christi sichtbar sein. Das war auch der „Erfolg" von Papst Johannes Paul II., der Millionen junger Leute zusammenbrachte. Die Kirche hat Heilige nötiger denn Reformer, sagte man schon vor vierhundert Jahren.

Glaube macht froh. Er ist das Wissen darum, dass wir Kinder Gottes sind, dass es dem Leben Sinn geben kann, das „Gute" zu tun, dass es eine Schicksalsbestimmung jenseits des Todes gibt. Bescheidenheit und Demut sind durchaus angebracht. Aber Glaube schafft En-thu-siasmus (Griechisch für „Gott in uns"). So verstanden ist Christentum befreiend – nicht in der Negation des Lebens (Nietzsche), sondern in seiner Bejahung.

Wie auch immer: Mit der Implosion des Christentums im Westen stehen wir vor einem tiefen gesellschaftlichen Einschnitt. Auch die Hoffnung des klassischen Humanismus, eine Religion ohne Gott zu werden, ist gescheitert. Gleichgültigkeit und Nihilismus sind eine Tatsache oder eine Bedrohung. Die „Zeitenwende" wird keine Angelegenheit von Jahren oder Jahrzehnten sein, sondern vielleicht deutlich länger dauern. Wie wird der Mensch auf weitere Entwicklungen in der Biologie reagieren, die ihn immer stärker zum Herrn über das Leben machen, darüber, wie Menschen aussehen und sich verhalten? Wie wird sich die Globalisierung entwickeln? Schließlich beobachten wir nicht allein die ökonomische Verflechtung, sondern auch die Globalisierung der Gewalt. In einer Welt mit Atomwaffen kann man nie sicher sein, wie Konflikte ausgehen. Immer wieder läuft es auf den Unterschied zwischen jenen hinaus, die den Menschen als Ziel an sich sehen, und jenen, für die der Mensch lediglich Objekt im Kampf der Ideologien, Nationalismen und Ökonomien ist. Wer den Mensch auf einen chemischen Prozess, einen „historischen Unfall", eine Ansammlung von Knochen, auf Brüste und Schenkel reduziert, landet letztlich bei einem Menschenbild, in dem wir nicht mehr Gegenstand, sondern Ding sind. Wer in jedem Menschen etwas Besonderes, oder besser jemanden Besonderen im Universum sieht, kann sich als wahren Humanisten und wahren Gläubigen bezeichnen.

Menschen altern,
doch die Wirtschaft darf das nicht

Ich habe „klassische" Wirtschaftslehre – Makroökonomie – studiert, und mein Vater war Professor für Betriebswirtschaftslehre an der Katholischen Universität Löwen. Es blieb beim intellektuellen Interesse; um selbst Geschäftsmann zu werden, mangelt es mir an Begabung und Motivation. Die Wirtschaftswissenschaften möchten sich mit Hilfe mathematischer Modelle den Anschein einer exakten Wissenschaft geben, doch tatsächlich sind sie eine Wissenschaft vom Menschen, erfordern also mehr systematisches Denken und einen größeren Begriffsapparat als eine echte (exakte) Wissenschaft. Wer nicht in der Lage ist, elementare Phänomene wie Inflation und Arbeitslosigkeit einheitlich zu erklären, sollte also bescheiden bleiben. Der unkalkulierbare Faktor in der Ökonomie bleibt der Mensch und der Rahmen, in dem er handelt. Phänomene wie die Überalterung der Gesellschaft und der weltweite Wettbewerb lassen sich nicht adäquat beschreiben, ohne menschliche Verhaltensweisen zu berücksichtigen.

So unterschätzen viele die negativen Auswirkungen der Überalterung der Gesellschaft auf die Kreativität und die Innovationskraft der Menschen. Der große österreichische Ökonom Joseph Schumpeter sagte, dass ein Mensch, der nicht vor seinem dreißigsten Lebensjahr die Basis für sein späteres Leben gelegt habe, es danach nicht mehr tun werde. Vor dieser Schwelle liegt die kreative Periode, nach ihr die aktive. Je älter die Bevölkerung wird, desto stärker nimmt die Zahl der Jungen und damit das kreative Potenzial der Gesellschaft ab. Heute, in einer vom Wettbewerb geprägten Weltwirtschaft, sind wir auf unsere „Brains" und die Kraft unseres Willens angewiesen, auf einen Mehrwert, der anderen fehlt. Innovation ist also auch ein biologisches Phänomen! In Belgien, sogar in Flandern, haben wir derzeit den kleinsten Anteil an Start-ups in der Europäischen Gemeinschaft. Das Unternehmertum ist bei uns schwächer entwickelt als irgendwo sonst. Wenn wir das mit den administrativen, steuerlichen und sozialen Hürden erklären, machen wir es uns zu einfach. Vermindert man diese Hürden, sagen viele, so wird die Energie wieder aufleben. Aber ist das Problem nicht weit komplexer? Sehnen wir uns nicht zu stark nach Sicherheit und Stabilität oder danach, „das Leben zu genießen"? Gemäß den Ergebnissen des Eurobarometers ist das Arbeitsethos in unserem Land schwach ausgeprägt, allen Geschichten vom „hart arbeitenden Flamen" zum Trotz. Wir arbeiten ungefähr 1700 Stunden im Jahr – schwaches Mittelmaß im Vergleich mit anderen Ländern –, und unsere Lebens-Arbeitszeit ist zudem kürzer als im EU-Durchschnitt. Etwa jeder vierte beruflich Aktive, das sind ungefähr eine Million Menschen, arbeitet im öffentlichen Dienst oder im Bildungswesen. Selbst angesichts der größeren Flexibilität, die in den letzten Jahren Einzug gehalten hat, bieten diese Berufe mehr Sicherheit als solche in der freien Wirtschaft. In der Wallonie arbeiten sogar mehr als 42 Prozent der Berufstätigen im öffentlichen Dienst oder im subventionierten „Social Profit"-Bereich.

Junge Menschen oder ihre Eltern scheuen die wissenschaftlichen und technischen Ausbildungswege und entscheiden sich öfter für soziale Berufe. In einer Wissensökonomie bringt uns diese Entwicklung mittelfristig in Schwierigkeiten.

Junge Menschen neigen eher dazu, sich für „Lebensqualität" zu entscheiden, die mehr Freizeit mit sich bringt. Das ist ein verbreitetes Phänomen. Manche behaupten, dieser Trend sei eine Reaktion auf das hektische Leben der Doppelverdiener-Familien, in denen die jungen Menschen heute aufwachsen. Doch es hat keinen Sinn, den Jungen die Schuld zu geben. Sie sind vor allem „Kinder ihrer Zeit".

Ob wir wollen oder nicht, der Arbeitsdruck auf die jüngste Generation wird weiter zunehmen. Auch hier wirkt sich der Druck des weltweiten Kapitalismus aus, in dem Renditen an erster Stelle stehen. Börsennotierte Unternehmen liegen an der Kette ihrer eigenen Quartalszahlen. Betriebe sind gezwungen, noch kurzfristiger zu denken als Politiker, die alle zwei Jahre die eine oder andere Wahl überstehen müssen. Große Unternehmen werden praktisch permanent umstrukturiert; sei es, weil sie übernommen werden oder weil sie selbst eine Übernahme vorbereiten. Die Kosten dieser Maßnahmen müssen wieder hereingeholt werden, und in der Folge müssen die Betriebskosten und damit auch die Personalkosten gesenkt werden. Niemand ist mehr sicher, auch das Topmanagement und die mittlere Führungsebene nicht. Das ist das Gesicht des *„spreadsheet capitalism"*.

Ein weiterer Faktor, der den Arbeitsdruck verstärkt, ist die Überalterung der gesamten Bevölkerung. Stehen weniger Menschen für das gleiche Produktionsvolumen zur Verfügung, so muss effizienter, hastiger oder länger gearbeitet werden – unter Umständen alles zugleich. Das jedoch kann auf Kosten der „Lebensqualität" gehen. Vor diesem Hintergrund darf man nicht erwarten, dass junge Familien dazu beitragen, den Geburtenrückgang zu stoppen. Um die Bevölkerung stabil zu halten, sind 2,1 Kinder je Frau nötig; wir bringen es in Belgien gerade einmal auf 1,6 Kinder. Der Druck, der auf den Menschen lastet, ist nicht kinderfreundlich. Doch niedrige Geburtenraten verschlimmern das Problem in der Zukunft noch weiter! Einwanderung könnte den Arbeitsdruck mildern. Die Einwanderung aus Mitteleuropa jedoch wird rasch nachlassen, denn auch dort sinken die Geburtenraten bei zunehmender Wirtschaftskraft. Die Polen setzen jetzt auf Einwanderer aus der Ukraine, weil viele heimische Arbeitskräfte der höheren Löhne wegen in den Westen gehen. Die Einwanderung aus Nicht-EU-Ländern wiederum bringt die Schwierigkeit mit sich, das Zusammenleben von Menschen aus ganz unterschiedlichen Kulturen gesellschaftlich bewältigen zu müssen. Die Fakten werden uns zwingen, damit so gut es geht zu leben, und sei es auch nur, weil nicht genug Einheimische da sind, um uns zu pflegen, wenn wir älter werden. Noch der größte Rassist wird sich eines Tages freuen, eine Pflegerin von den Philippinen oder aus Indien zu haben.

Die Überalterung der Bevölkerung wird uns heftig mit der Nase auf das Problem der Multikulturalität stoßen, das vielleicht die Aufgabe des 21. Jahrhunderts schlechthin darstellt. Wie können wir ein

Gesellschaftsmodell entwickeln, in dem die Eigenheit und die Offenheit der angestammten Bevölkerung wie der Migranten zusammenfinden?

Die Überalterung der Bevölkerung umfasst mehr als das buchhalterische Problem der Rentenfinanzierung. Es berührt zugleich die Fundamente der Wirtschaftsordnung, Arbeit und Unternehmen.

Doch selbst wenn es um eine rein finanzielle Berechnung geht, wagen wir es oft nicht, alle Aspekte zu betrachten. Die Ausgaben für Altersbezüge und Gesundheitsfürsorge werden auch ohne den Effekt der Überalterung in den kommenden Jahrzehnten so viele Mittel in Anspruch nehmen (wohl fünf Prozent des Bruttoinlandsprodukts), dass es schwierig sein wird, die Abgabenlast wesentlich zu reduzieren. Allerdings kann es zu weiteren Verschiebungen zwischen einkommens- und konsumbezogenen Abgaben kommen. Die Besteuerung natürlicher Personen kann arbeitsmarktfreundlicher gestaltet werden. Der relative Anteil der kollektiven Abgaben am Bruttoinlandsprodukt ist in den vergangenen zehn Jahren nicht gesunken. Da wird dann schnell gesagt: Dann müssen die Ausgaben drastisch sinken – und sie sind tatsächlich zu rasch gestiegen. Der Staat kann viel effizienter arbeiten. Dafür gibt es zahllose Beispiele. Die Staatsausgaben der Wallonie liegen ein Drittel höher als die Flanderns. Doch man darf auch nicht vergessen, dass wir für die Gesundheitsfürsorge ein Drittel weniger ausgeben als die Vereinigten Staaten, obwohl unser Gesundheitssystem so viel besser und leichter zugänglich ist. Unsere Ausgaben für das Bildungswesen liegen etwa im EU-Durchschnitt; beim weiterführenden Unterricht ist es sogar deutlich weniger. Die Wissensökonomie indes zwingt uns, hier größere Anstrengungen nach dem Beispiel Finnlands zu unternehmen. Die Zeit wohlfeiler Slogans zu den Staatsausgaben ist auch vorbei.

Die nachfolgenden Generationen werden also für ein langsamer steigendes Nettoeinkommen (das allerdings viel höher ist als das, mit dem meine Generation begann) mehr arbeiten müssen.

Die Erfahrungen, die ich in meinem politischen Leben mit dem Thema der Überalterung gemacht habe, sind durchaus gemischt. Als Leo Tindemans belgischer Premierminister war (1974–1978), bat er mich, Reden zu diesem Thema vorzubereiten. In den Achtzigerjahren des vergangenen Jahrhunderts setzte sich auch Jean-Luc Dehaene als Sozialminister intellektuell wie praktisch mit der Überalterung auseinander. Und doch: Hätten wir die Staatsverschuldung ohne den Druck des Vertrags von Maastricht (1992) und den Beitritt zur Eurozone (1999) so rasch reduziert? Gleichwohl – die Schuldenreduzierung ist die entscheidende Maßnahme, um die Bezahlbarkeit der Renten und des Gesundheitswesens zu sichern.

In der Familienpolitik habe ich verschiedene Male erlebt, dass die Koalitionspartner Kürzungen beim Kindergeld als Kompensation für Einsparungen etwa beim Arbeitslosengeld forderten. Ersteres war ein Tabu für die Christdemokraten, das Zweite für die anderen Parteien. Dabei sind Kinder die Zukunft, gerade vor dem Hintergrund der Überalterung. Wenn es um die Verlängerung der Lebensarbeitszeit geht, ist die Politik ebenso zurückhaltend wie die Gewerkschaften. Eine Verlängerung der Lebensarbeitszeit bei gleichem Lohn kommt einer Steuererhöhung gleich – das Letzte, woran ein postmoderner Politiker denkt. Deshalb ist sie vor allem eine Sache der Sozialpartner, doch auch da arbeitet man nur „mit dem Rücken gegen die Wand und dem Abgrund vor Augen", also wenn es gar nicht mehr anders geht. Bis vor einigen Jahren forderte man Arbeitszeitverkürzungen als Mittel gegen die Arbeitslosigkeit. Glücklicherweise ist man darauf nur begrenzt eingegangen. In Frankreich klagt ein sozialistischer Präsidentschaftskandidat über die 35-Stunden-Woche, das Vorzeigeprojekt der Jospin-Regierung vom Ende des vergangenen Jahrhunderts. Längere Arbeitszeiten werden in verschiedenen Ausprägungen kommen, vor allem als Verlängerung der individuellen Lebensarbeitszeit. Dann kann auch der Arbeitsdruck sinken, der auf den jungen Familien lastet. Die belgische Regierung musste ihre Maßnahmen zu einer leichten Anhebung der Erwerbstätigenquote Ende 2005 gegen Streiks und Demonstrationen durchsetzen, obwohl die daraus resultierenden Haushaltseinsparungen kaum ins Gewicht fallen. Reformen kommen meist unter Druck von außen zustande, sei es durch eine ökonomische oder eine monetäre Krise.

Die Abwesenheit äußeren Drucks macht es für die Regierung besonders schwierig, entschieden zu handeln. Ohne diese Druckmittel sinkt die Gesellschaft rasch in Reformmüdigkeit ab. In einigen unserer Nachbarländer jedoch schlug das ökonomische Schicksal so drastisch zu, dass fundamentale Eingriffe nötig waren. In Demokratien braucht die Politik diesen Druck. Das ist zwar bedauerlich, ist aber eine Tatsache.

Eine der einfachsten Methoden für die Staatsregierungen, von ihren Gesellschaften Anstrengungen und Opfer zu verlangen, ist es, Europa auf den Plan zu rufen. So wird Verantwortung abgewälzt. Daran ist der europäische Gedanke – das nobelste Projekt der Nachkriegszeit – fast zugrunde gegangen.

Wer das alles distanziert und nüchtern betrachtet, stellt fest, dass einige Eingriffe in die Politik bedeutend wirken, ohne es tatsächlich zu sein. Was ist revolutionär daran, wenn wir in Belgien genauso lang arbeiten, wie es die Menschen im EU-Durchschnitt tun? Warum sollen wir ökonomisch nicht genauso aktiv und kreativ sein wie die skandinavischen Länder? Sie sind trotz hoher Steuer- und Abgabenlast erfolgreich. Das Problem liegt dennoch tiefer.

Wir leben in einer raueren und instabileren Gesellschaft. Unbeständigkeit steht oft im Widerspruch zum Glücksgefühl. Es ist leicht zu sagen, dass man nach Einkommens- und Arbeitssicherheit streben sollte, ohne Jobgarantien zu fordern, doch für den Einzelnen ist der Jobverlust stets ein Schock. In Dänemark wechseln angeblich jedes Jahr 700.000 der drei Millionen Beschäftigten die Stelle. Das Unvermeidliche muss jedoch nicht ideal sein. Wir müssen uns also bemühen, die Folgen dieser Instabilität vor Ort aufzufangen, müssen Menschen stärker einbinden und ihnen das Gefühl geben, dass sie als Individuen wirklich zählen. Wir müssen von den Menschen verlangen, dass sie immer wieder aufs Neue an ihrer Ausbildung arbeiten, und ihnen auch Gelegenheiten geben, das zu tun. Daneben freilich werden die Menschen „Inseln des Glücks" jenseits ihres Berufslebens schaffen müssen. Eine Art „Gegenwelt", die es ihnen ermöglicht, durchzuatmen. Auf diesem Gebiet, in Beziehungen und in der Familie, müssen sie Stabilität erfahren können. Wer im Beruf wie zu Hause von einer Krise in die andere stolpert, wird das nicht durchhalten. Menschen sind Wesen mit schlichten Sehnsüchten, und sie sind sehr verletzlich. Stabilität ist eine Bedingung für Glück.

Die Europäer sind keine Europäer mehr

Ich wurde bei den Jesuiten mit einem starken Verständnis für Europa erzogen. Unser Gymnasium organisierte sogar jedes Jahr im Sommer eine gemeinsame Reise mit Jungen aus Schulen anderer damaliger EU-Staaten. Zweimal war ich dabei. Diese Reisen machten mich zu einem Europäer auf Lebenszeit. Die „Gesellschaft Jesu" war international organisiert. Die Patres studierten auch im Ausland; in den Sommermonaten reisten sie und wohnten bei ihren Mitbrüdern. Die Politik des europäischen Gedankens, die in der Folge der Befreiung entstand, war von Anfang an stark christlich geprägt. Es war die „Versöhnung" nach den Schrecken jahrhundertelanger Kriege. Vergebung und Versöhnung sind die größten christlichen Tugenden. Alle Staatschefs der sechs Gründerstaaten der Europäischen Gemeinschaft waren Christdemokraten! Man sprach vom „vatikanischen Europa". Europa wurde zum Synonym für den Frieden. Die idealistische Herangehensweise war die entscheidende Motivation für den Ausbau der Europäische Gemeinschaft und der Europäischen Union. Die letzten Vertreter dieses Ansatzes waren Helmut Kohl und François Mitterand, die beide noch der Kriegsgeneration angehörten. Als Vorsitzender der CVP (1988–1993) war ich bei den Spitzengesprächen der Europäischen Volkspartei zugegen, denen auch Kohl jedes Mal beiwohnte. Nach dem Fall der Berliner Mauer wollte er ein „vereintes Deutschland in einem föderalen Europa". Im Frühjahr 1990 fand ein kleines Gipfelgespräch in den Bergen bei Salzburg statt, bei dem Kohl versuchte, andere Staatschefs – namentlich Lubbers, Martens, Santer und Andreotti – von seiner These zu überzeugen. Martens bat mich dazu. Lubbers tat sich als Niederländer schwer mit der deutschen Einheit. Kohl nahm ihm das übel, was eine schwere Hypothek für Lubbers' weitere internationale Karriere bedeutete. Mich hat Kohl als Staatsmann immer sehr beeindruckt. Das letzte Ergebnis der Zusammenarbeit von Kohl und Mitterand war der Euro, die europäische Gemeinschaftswährung, nach deren Einführung die Länder der Eurozone souveräne Staaten blieben – ein historisches Unicum. Es war auch schon 1990 abzusehen, dass die vom sowjetischen Joch befreiten Staaten Mitteleuropas und des Baltikums der EU beitreten würden. Das passierte 2004. Der große Gedanke hinter dem Beitritt der ehemals faschistischen (Spanien, Portugal und Griechenland) und der ehemals kommunistischen Länder war der der Demokratie – ein ebenso idealistischer Gedanke wie einst der des Friedens. Neu ist heute, dass der idealistische Begriff von Europa nach dem Ende des Duos Kohl-Mitterand sowohl bei den europäischen Staatschefs wie in weiten Teilen der öffentlichen Meinung verschwunden ist. Auch hier überwiegen die „Interessen" vor den „Prinzipien". Was kostet uns der EU-Haushalt? Nehmen uns die Osteuropäer unsere Jobs weg? Erhöhen sie die Kriminalität? Wenn man sich nicht mehr mit Europa identifiziert, wenn Frieden und Demokratie nicht mehr begeistern, beginnt man zu rechnen, und jeder verfolgt seine eigenen kleinen Interessen. Selbst in den neuen EU-Ländern ist keine lodernde Begeisterung für Europa zu erkennen. Ihre Völker sind sich stärker, als wir meinen, der Tatsache bewusst, dass sie ihre Unabhängigkeit eher den Vereinigten Staaten zu verdanken haben als den anderen europäischen Ländern, auf deren Tagesordnung die Bekämpfung des Kommunismus nicht den ersten Platz einnahm. Im Gegenteil: Europa wollte den Status quo erhalten und trat für Stabilität und friedliche Koexistenz ein. Ein Teil des „linken" Europas hatte sogar wenig Probleme mit der „Diktatur des Proletariats".

Deshalb war es zwar dramatisch, aber abzusehen, dass die Referenden in Frankreich und den Niederlanden scheiterten. Hätten wir in Flandern ein Referendum abgehalten, so wäre ich mir des Ergebnisses absolut nicht sicher gewesen; in Flandern noch weniger als in der Wallonie.

Die demokratischen Nationen haben sich in den vergangenen 150 Jahren von einer Demokratie der Honoratioren zu einer der Verbände und Vereinigungen und schließlich zu einer Meinungs-Demokratie gewandelt. Europa erfährt den gleichen Wandel. Das stellen wir heute fest.

Es gibt stets ein Spannungsverhältnis von Eigenart (Identität) und Offenheit. Menschen müssen sich irgendwo „zu Hause" fühlen können. Dieses Heimatgefühl hat sich in den letzten Jahrzehnten verändert und ist durch die Instabilität der Familien, die ökonomische Globalisierung, die allgemeine Mobilität und das Verebben der Religionen und Ideologien erodiert. Der moderne Mensch darf nicht nur ein Reisender oder Suchender sein. Er braucht auch ein Nest, ein Fundament der Verlässlichkeit und der Sicherheit. Das erleben wir heute. Mit dem Gefühl des Identitätsverlusts muss man sensibel umgehen. Darum spielen die Befürworter eines EU-Beitritts der Türkei mit dem Feuer. Auch wenn die Türkei seit Jahrzehnten NATO-Mitglied ist und gewissen europäischen Institutionen angehört, gilt sie doch weder geografisch noch kulturell als europäisches Land. Das „entfremdet" die Union noch weiter vom europäischen Bürger. Schließlich war die Türkei bis vor dreihundert Jahren der Feind der großen europäischen Staaten schlechthin. Das geopolitische Argument lautet, dass eine europäische Türkei ein Vorbild für Toleranz für den ganzen Nahen Osten sein könnte. Doch die Türkei ist seit achtzig Jahren – dank mehrerer Militärputsche – ein laizistischer Staat, ohne dass diese Entwicklung irgendeinen Einfluss auf die Nachbarstaaten gehabt hätte, die stets mehr in den Bann des islamistischen Extremismus geraten. Und doch wird es eine wie auch immer geartete Verbindung mit der Europäischen Union geben müssen.

Es ist ein Paradoxon, dass die Europäer heute immer mehr von „unseren Werten" sprechen, während „Werte" an sich immer stärker angezweifelt werden. Der Individualismus und sein Ableger, der Ethnozentrismus, stellen viele Werte auf den Kopf. Der große französische Philosoph Emmanuel Levinas sagte, Europa sei die Summe aus „den Griechen und der Bibel". Aber wer kennt Hellas noch, und wer kennt die Bibel? Das ist leider großteils *passé*. Das postmoderne Europa hat sich von seinen Wurzeln losgemacht und wagt es nicht einmal mehr, über diese Wurzeln zu sprechen. Kaum etwas, bis auf die Ökonomie, rückt an ihre Stelle. Und genau auf diesem Gebiet versagen wir in den letzten Jahren! Um die Frage nach unserer Identität ausreichend zu be-

antworten, war die Aufzählung der großen europäischen Werte im mittlerweile verworfenen Entwurf
der Europäischen Verfassung zu vage („Gleichheit
aller Menschen, Freiheit und Respekt vor der Vernunft") und zu überheblich („Bollwerk der Kultur").
Anmaßend sehen wir uns selbst als so etwas wie ein
Idealmodell, viel sozialer als das amerikanische, eine
Art Vorbild für die Welt, ganz im Widerspruch zu
unseren eigenen Unsicherheiten.

Das europäische Bewusstsein schwindet also. Wie
können wir das ändern? Denn wir brauchen weiterhin mehr Europa, nicht allein aus ökonomischen
Gründen, sondern auch, weil unser Kontinent seinen
Platz in der Weltpolitik einnehmen muss. Die Vereinigten Staaten werden ökonomisch weiterhin stärker
wachsen als wir, und China wird immer deutlicher
zum künftigen wirtschaftlichen und militärischen
Gegner der USA. Im Zusammenprall des radikalen
Islam, der weiter auf dem Vormarsch sein wird, mit
der Moderne dürfen wir die Initiative nicht allein
den Amerikanern überlassen. Sie haben den Extremismus in den letzten Jahren eher angefacht als be-
kämpft. Doch wollen die europäischen Bürger diesen „großen Wurf"? Liegt das nicht weit jenseits
ihrer Vorgartenmentalität? Wer Angst hat, kommt
nicht aus seinem Kokon. Das gilt umso stärker für
eine rasch alternde Gesellschaft. Im Jahr 2030 werden wir sogar 20 Millionen Europäer weniger haben.
Glücklicherweise hat China das gleiche Problem!

Wir müssen andere Argumente finden, um Europa wieder zu einem attraktiven Gedanken zu machen. Die Fähnchen der Demokratie und des Friedens zu schwenken reicht nicht mehr aus. Auf den

„rechnenden Bürger" einzugehen und die jeweiligen nationalen Belange zu verteidigen hat wiederum keinen Mehrwert für Europa. Wir müssen deutlich machen, dass es in der neuen Welt(un)ordnung keine Garantie auf die Sicherheit unserer Wirtschaft und Energieversorgung gibt, wenn wir nicht „mehr Europa" schaffen – mit einer rascheren und effizienten Beschlussfassung ohne Blockaden. Ich gebe zu, dieses Argument ist eher negativ und reagiert auf ein Gefühl der Angst, aber auch das zählt. Europa kam unter anderem auf den Ruf des belgischen Politikers Paul-Henri Spaak hin zustande, mit dem er das Aufkommen des Kommunismus beschrieb: *„Nous avons peur"*, wir haben Angst.

Der große Fortschritt Europas muss sich auf dem Gebiet der Außenpolitik vollziehen. Der Entwurf der Europäischen Verfassung wollte gerade auf diesem Feld vorangehen, obwohl die sogenannten großen Länder auf die Bremse traten. Als hätten die Franzosen, die Briten, die Deutschen weltweit noch politische oder wirtschaftliche Bedeutung – auch Letztere nimmt zusehends ab.

Die Europäische Union wurde ohne die Bürger gegründet, und sie hat sich ohne sie entwickelt. Das geht nicht so weiter, denn heute würde das bedeuten, dass sie sich „gegen" die Bürger entwickelt. Doch wo die Staatschefs von einst zu stark führten, führen die heutigen zu wenig. Mit einer etwas deutlicheren Unterstützung der Bevölkerung käme man weiter als heute. Vor den politischen Führern liegt also eine große Aufgabe: ihre Wähler vom Nutzen, vom Wert und von der Wichtigkeit der Europäischen Union zu überzeugen.

166

Toleranz oder Gleichgültigkeit?

Die Devise des „Orde van den Prince", des Ordens des Prinzen, dessen Mitglied ich in der Nachfolge meiner verstorbenen Eltern bin, lautet *Amicitia et Tolerantia*. Freundschaft und Toleranz. Doch was bedeutet Letzteres? Humanisten reklamieren das Wort für sich. Es gilt als Höhepunkt der Moral.

Wie immer ist es einfacher festzustellen, was ein Begriff nicht bedeutet. Intolerante Menschen weisen andere zurück, weil sie so sind, wie sie sind, oder weil sie für etwas stehen, das man ablehnt. Als Argument führen sie ins Feld, dass der Andere uns nicht respektiert. Er ist also Schuld daran, dass wir ihn nicht tolerieren. Er hat es sich sozusagen selbst zuzuschreiben. Es kann sich um Menschen handeln, die lästige Verhaltensweisen an den Tag legen, abweichende Meinungen haben oder zu einer Gruppe gehören, die wir als ganze ablehnen. Letzteres ist natürlich noch schlimmer als das Zweite. Wir urteilen dann nicht über einen Menschen als Individuum, sondern als „Teil eines Ganzen". Der Mensch wird nicht als Wert an sich betrachtet, sondern als zufälliger Träger einer anderen Sprache, Kultur, Religion, Ideologie oder Rasse. Moralischer Fortschritt besteht gerade darin, den Anderen als Anderen zu erkennen. Das ist der Unterschied zwischen dem Alten und dem Neuen Testament: Einerseits ist da Gott, der *die* Juden gegen „ihre" Feinde beschützt und diese manchmal sogar vernichtet. Das individuelle Leid der Väter und Mütter, der Söhne und Töchter ist in dieser Auffassung dem Leid des Volkes untergeordnet. Im Neuen Testament dagegen ist nicht mehr die Rede von „Griechen oder Juden, Beschnittenen oder Unbeschnittenen, Fremden, Skythen, Sklaven oder Freien, sondern Christus ist alles und in allen" (Kol 3,11).

Diese Verallgemeinerung entspringt nicht dem Zufall. Viele brauchen einen äußeren kollektiven Feind, um selbst etwas darzustellen. Das eigene Minderwertigkeitsgefühl wird am „Fremden" abreagiert. Ich bin nur etwas oder jemand, wenn ich jemanden unter mir habe oder unterdrücke. Intoleranz ist also vor allem ein Zeichen von Ohnmacht. In einer Massengesellschaft wie der unseren ist jeder so viel wert wie eine Million dividiert durch eine Million (Arthur Koestler). Wir wollen uns unterscheiden, uns vom Anderen abgrenzen.

Diese Verallgemeinerung entsteht auch, wenn eine Gruppe die gefestigte Position anderer bedroht. Menschen lehnen Veränderung schon von Natur aus ab. Die Menschen aller Zeiten waren „Risikovermeider". Versuchen andere, einem den Platz streitig zu machen, fühlt man sich bedroht. Wird einem eine Stelle versagt, weil man einen fremden Namen hat, ist Radikalisierung die Folge. Es wird moralisch noch einfacher, intolerant zu sein, wenn andere intolerant sind, weil sie etwa kriminelles Verhalten an den Tag legen.

Menschen brauchen das Gefühl eines „Zuhause". Der Fremde mit seiner anderen Sprache, Farbe und so weiter stört dieses Gefühl, manchmal einfach nur visuell. Wenn man andererseits so aufwächst, dass die Kultur zu Hause sich von der draußen unterscheidet, wächst die Entfremdung. Wer bin ich? lautet die Frage. Es gibt also ein Identitätsgefühl. Wer es negiert, hat ein falsches Menschenbild und versteht nicht viel von dem, was unsere Gesellschaft bewegt.

Toleranz durchbricht das Schema des „Wir und Sie" und entscheidet sich für „Ich und Du". Das Konfliktmodell wird vom Harmoniemodell abgelöst. Doch auch hier tut ein realistisches Menschenbild not. Harmonie ist nicht allein eine Sache der Liebe. Dauerhaft kann sie nur sein, wenn sie organisiert ist und Rechte und Pflichten kennt. Verantwortung und Respekt sind die Schlüsselbegriffe. Wenn man von Menschen verlangt, „einander zu lieben", hat man sich selbst weisgemacht, dass man ein besserer Mensch ist. Man hat jedoch keine bessere Gesellschaft mit größerer Toleranz erreicht. Respekt für die Eigenart des Anderen, aber auch Respekt für die Normen, Werte, Gesetze und Traditionen der Gesellschaft, in der man sich wiederfindet, sind entscheidend. Wer mit einem Überlegenheitsgefühl einwandert, ist auf dem Holzweg. Für gewöhnlich ist das ein kollektives Verhalten, von dem man sich lösen muss. Toleranz muss also auch eine Sache von Organisation und Regeln sein, nicht allein von Gefühlen.

Toleranz wächst von unten. Es ist fatal, einander lediglich als Angehörige einer Gruppe und nicht als Individuum wahrzunehmen. Wo Menschen einander kennenlernen, nehmen das Verständnis und die Wertschätzung von Unterschieden automatisch zu. Nur durch Kontakte lernt man dazu. Schauen wir dem Anderen unverstellt ins Gesicht, dann sind wir weniger „prinzipiell", weniger stur, weniger verschlossen und somit toleranter.

Toleranz darf kein Synonym für Gleichgültigkeit sein. Man tut sich nicht weniger schwer mit den Meinungen anderer, bloß weil man selbst keine (mehr) hat. Dann ist es einem tatsächlich egal, was andere denken. Jeder geht seiner Wege. Jedem seine Wahrheit. So erhebt man Indifferenz und Gleichgültigkeit zur moralischen Tugend und tauft sie Toleranz. Manche behaupten, diese Neutralität vermeide Konflikte und verhindere gar Kriege, wie sie die Religionen oder die großen Ideologien (oder Nazismus und Marxismus) ausgelöst haben. Lieber keine Meinung als eine schlechte. Die Frage ist, ob Menschen, die sich zwar zurückhalten, aber auch eigentlich gar kein Interesse am Anderen haben, nicht in einer Art Egoismus enden, der das gesellschaftliche Zusammenleben unmöglich macht. Individuen als Inselchen schaffen mit der Zeit eine Vereinsamung und Unsicherheit, aus der letztlich Verzweiflung und Aggression entstehen. Eine mittelbare Folge ist „sinnlose Gewalt" – als gäbe es so etwas wie sinnvolle Gewalt. Moralische und intellektuelle Leere ist letztlich nicht friedlich.

In meinen Augen ist an einer religiösen oder anderen Überzeugung nichts verkehrt. Sie muss jedoch stets offen sein. Es muss immer ein Fenster für „andere Wahrheiten" offen stehen. Gläubige müssen ein Leben lang Gottsucher sein. An Menschen, die einen Sinn „gefunden" haben, ist nichts verkehrt, aber die spirituelle Suche kommt nie an ihr Ziel. Dieses Suchen nach Gott ist typisch ignatianisch, ich habe es in meiner Jugend von den Jesuiten mitbekommen.

Eine Kirche kann Richtungen aufzeigen, aber sie darf keinem Gläubigen versagen, dass er seinem persönlichen Gewissen folgt, nachdem er die Kirche oder die Autoritäten seines Glaubens konsultiert hat. Ich bin offen für die Lehrmeinungen der Kirche, doch ich handle nicht in vorauseilendem Gehorsam. Gehorsam an sich ist eine Tugend. Wahrhaftig ist er jedoch nur, wenn er im Respekt für den Anderen gelebt wird und mehr ist als Sturheit. Als man eine Ordensschwester fragte, warum sie vor mehr als fünfzig Jahren nach Ruanda gegangen war, lautete ihre schlichte Antwort: „Weil man es mir aufgetragen hat." Sie war all diese Jahre über glücklich und ist es noch jetzt. Sie hat „aus der Not eine Tugend gemacht". Was ihr aufgetragen worden war, hatte sie innerlich verarbeitet und dem Auftrag einen Sinn gegeben. Ich selbst habe wenig Talent zum Gehorsam.

Die große Debatte über die Toleranz dreht sich nicht mehr um das Verhältnis von Christen und Humanisten, auch nicht um das von Christentum und Islam, sondern um das Verhältnis von Islam und Moderne. Die westliche Welt stellt durch den Islam fest, dass Gott nicht tot ist. Sie lebte in der Annahme, alle Götter seien mit dem Gott des Christentums verschwunden. Und plötzlich ist Allah da – durch die Präsenz von Millionen Muslimen in unserer Lebenswelt und durch den islamischen Extremismus. Mit diesem Phänomen tun wir uns schwer. Wir sind gewohnt, alles mit sozialen Begriffen zu erklären. Der arme Muslim soll sich im Nahen Osten dem westlichen Kolonialismus widersetzen. Der arme Muslim wird hier zum Radikalen, weil er in der Arbeitslosigkeit gehalten wird, unter anderem eine Folge von Diskriminierung. Warum sind Terroristen oft gut ausgebildete Menschen, die in der industrialisierten Welt leben? Warum tragen studierende Frauen ein Kopftuch? Hier helfen rein soziale Erklärungsmodelle nicht weiter. Es geht um tiefgreifende kulturelle Unterschiede.

Brave Christen sagen im Geist der Versöhnung leichthin, dass doch Christentum, Judentum und Islam Religionen des „Buches" sind. Es gebe viele Berührungspunkte zwischen diesen monotheistischen Religionen. Das ist indes eine recht oberflächliche Betrachtungsweise. Das Gottesbild eines Muslim ist das eines transzendenten, allmächtigen Gottes, der hoch über den Menschen steht und dem Verstand nicht unterworfen ist. Der Gott der Christen ist ein Vater, ein Gott der Liebe, der in seinem Sohn so gelitten hat, wie Menschen leiden. Der Gründer des Christentums wurde hingerichtet. Er war bar jeder Gewalt. Aus diesem anderen Gottesbild entspringt ein Menschenbild, das mit-leidender ist. Im Laufe der Geschichte hat man zu wenig danach gehandelt.

Viele meinen, Geld und Komfort, kurzum: der Materialismus sei der effizienteste Feind jeder Religion und Ideologie, mithin auch des Islam. Der „Widerstand" des Islam gegen die Dampfwalze der Moderne sei also früher oder später zum Scheitern verurteilt. Der Unterschied zum Christentum ist, dass es die Aufklärung hervorbrachte, während der Islam sie rasch aufgegeben hat.

Geht es um Religion oder um Identität? Anders gesagt: Ist Religion das Ziel oder ein Mittel zum Zweck? Verdankte der Katholizismus in Polen seinen Erfolg der Tatsache, dass er die einzige echte Opposition gegen den Kommunismus darstellte, oder war es die Kraft des Glaubens, die sich gegen das gottlose System behauptete? Ist der islamische Fundamentalismus ein Zeichen des Widerstands gegen den so erfolgreichen Westen, der die stolzen muslimischen Länder unterworfen hat, oder handelt es sich um eine Renaissance der Religion?

Der Islam war und ist nicht stets und überall totalitär. In der berühmten Kultur von Al-Andalus, die vom 8. bis 11. Jahrhundert in Südspanien blühte, lebten Christen, Juden und Muslime friedlich miteinander. Es herrschte religiöse Freiheit, aber alle religiösen Äußerungen der anderen Religionen waren verboten. Diese gewisse Offenheit galt im christlichen Spanien nicht; vor allem nicht nach dem Fall von Granada (1492). Auch heute gibt es viele Spielarten des Islam. Die politische Frage lautet: „Welche Richtung ist tonangebend?"

Nach dem Zusammenbruch des Kommunismus ist der islamische Extremismus das Symbol für Intoleranz und Totalitarismus schlechthin. Sein Feind ist der gottlose, materialistische und dekadente Westen samt den Regimes der arabischen Welt, die mit ihm heulen. Deshalb war der Angriff vom 11. September so symbolträchtig: Er zielte auf das politische Machtzentrum der westlichen Welt (Pentagon und Weißes Haus) und den Tempel des Kapitalismus (das World Trade Center). Extremisten hoffen, dass das System so leer und brüchig ist, dass es von Angst verzehrt wird. Dann kann es dem heutigen politischen und wirtschaftlichen Establishment der arabischen Welt auch nicht mehr so beistehen wie es das heute noch tut, und es entsteht in vielen Ländern Raum für die iranische und islamische Revolution, beginnend im

Nahen Osten. Die wahren Feinde der Extremisten sind die arabischen Kollaborationsregimes.

Haben wir indes jenseits des formalen Rahmens der Politik und der Gleichstellung von Mann und Frau „Werte", die wir anbieten können, die Menschen glücklich machen können und die helfen, dass wir uns füreinander einsetzen? Integration, sagt man – aber Integration wo hinein? In welchen Bezugsrahmen? Nur in den, der da heißt „Jedem nach seinem Willen"? Haben wir lediglich „Toleranz" im Sinne von Gleichgültigkeit zu bieten?

Die Gesellschaft hat ihr Gleichgewicht in Sachen Multikulturalität noch nicht gefunden – weder im Bezug auf die angestammte Bevölkerung, noch in der anderen Richtung, vor allem, was die Muslime angeht. Auf lange Sicht werden auch die Muslime unsere Auffassungen über öffentliche Moral teilen, was das Verhältnis von Religion und Staat betrifft, die Rolle der Frau und die Demokratie. Es ist typisch, dass vor allem Frauen und nicht Männer arabischer Herkunft im Parlament sitzen. Die Geburtenrate sinkt auch bei Muslimen nach nur einer Generation sehr schnell. Gleichzeitig sorgen das mangelnde Bildungsniveau bei geringer sozialer Mobilität einerseits sowie die ideologisch-religiöse Indoktrination im Verbund mit starren Traditionen (arrangierte Heiraten bis in die dritte Generation) andererseits für eine lange Übergangsperiode. Das ist umso schlimmer angesichts eines internationalen Klimas, in dem Moderne und Islam sich feindlich gegenüberstehen und anti-westliche wie antiamerikanische Stimmungen etwa in Palästina oder dem Irak vorherrschen. Die funktionierende Synthese aus Offenheit und Eigenart, die wir aus den Bereichen der Wirtschaft und des Sozialen kennen, ist hier noch nicht erreicht. Sie ist indes bitter nötig, um das entscheidende Problem der ersten Hälfte unseres Jahrhunderts anzugehen.

Stabilität und Veränderung

In Wahlkämpfen kann man immer wieder zwei Themen beobachten: Stabilität und Veränderung. Einmal denkt man, die Masse der Menschen sehne sich nach Sicherheit, ein anderes Mal vermutet man, sie strebe nach Erneuerung. Mehrheitsparteien bieten Ersteres an, die Opposition Letzteres. Dann und wann sind es im Laufe von zwanzig Jahren die gleichen Menschen, die abwechselnd das eine und das andere anbieten!

Das moderne Leben ist auf Veränderung eingestellt. Davon lebt die Marktwirtschaft. Dieses System trägt „schöpferische Zerstörung" (Joseph Schumpeter) in sich. So betrachtet, befindet es sich permanent in der Krise, im „Übergang", der griechischen Bedeutung des Wortes folgend. Die Globalisierung der Wirtschaft treibt die Konkurrenz und damit die Veränderung auf die Spitze. Niemand ist sicher oder kann das Ruder sinken lassen. Wir lernen ein Leben lang und werden bei optimistischer Betrachtung eher Einkommens- und Arbeitssicherheit als Jobsicherheit haben.

Auch die Medien sind von permanenter Veränderung geprägt. Formate laufen nur noch wenige Jahre und brauchen regelmäßige Auffrischungen, um den Zuschauer anhaltend zu fesseln. „Langeweile" ist das schlimmste Schimpfwort! In den kommerziellen Medien wird Langeweile unmittelbar durch sinkende Zuschauerzahlen abgestraft. „Neue Gesichter" sind mancherorts zum Ziel an sich geworden.

Im Familienleben hat die Instabilität bei Paaren und Verheirateten deutlich zugenommen. Neben anderen Faktoren schafft die wachsende Unabhängigkeit der Frauen neue Möglichkeiten. Treue wird nicht mehr allgemein als Wert betrachtet, Unabhängigkeit dagegen wohl.

Gerade für Kinder sind Stabilität und „Nestwärme" unschätzbar wichtig. Ohne mein stabiles Zuhause hätte ich meine schwierigen Jugendjahre nicht überlebt. Manchmal braucht es nicht viel, um im Abgrund oder in der Gosse zu landen. Eltern tragen eine erschütternd große Verantwortung.

Dieselbe Unsicherheit herrscht auf ethischem oder ideologischem Gebiet. Was ist gut? Was ist wahr? Was ist mit dem Tod? Die „Meisterdenker" sind beinahe verschwunden.

Die Frage ist, ob der Mensch die permanenten Wechsel, das Zappen zwischen „aufeinanderfolgenden Loyalitäten" aushält und durchhält. Instabilität wird uns entweder aufgedrängt, oder wir entscheiden uns in gewissem Sinne für sie. Die meisten Menschen sind keine Abenteurer, jedenfalls nicht in allen Lebensbereichen. Sie brauchen „Inseln der Stabilität" inmitten eines Meers der Unsicherheiten.

Jedenfalls braucht jeder von uns ein „Zuhause". Er oder sie muss auf ein paar Menschen zählen können, die ihn oder sie aus Liebe stützen. Der Mensch ist einfach gestrickt. Es ist indes nicht so, dass wir konsequent handeln, weil wir uns nach etwas sehnen oder unsere Hoffnung auf etwas oder auf einen Menschen setzen. Manchmal verlangen wir von anderen Haltungen und Gefühle, die wir selbst nicht aufbringen.

Innere Stabilität ist auch eine Sache der Übung. Das „geistliche" Leben, sei es als Kleriker oder Laie, erfordert Disziplin. Gute Bücher, gute Filme, gute Gesellschaft, Zeiten der Stille und der Naturerfahrung sind Bollwerke gegen den Aktivismus, der Menschen leer machen kann. Oft ist man nicht einmal in der Lage, das aufzubringen oder durchzuhalten.

Natürlich kann uns Innerlichkeit manchmal nicht gegen die Schocks des Alltagslebens wappnen. Sie kann jedoch ein Stoßdämpfer sein, sodass wir aus dem Schlingern wieder herauskommen und in die Spur finden.

Gleichgewicht ist ein anderes Schlüsselwort. Nur wenn man im Gleichgewicht ist, behält man die Übersicht und bleibt urteilsfähig. Gleichgewicht bedeutet nicht Gleichgültigkeit oder Passivität, wohl aber ein Leben unter der Kontrolle des „Ich". Man muss am Steuer des eigenen Ich und des eigenen Lebens bleiben.

Der Vorteil des Älterwerdens ist, dass man darin erfolgreicher wird. Das ist jedenfalls meine Erfahrung. Älter werden bedeutet glücklicher werden – oder kann es zumindest bedeuten. Zwar rückt der Tod näher, doch darum nimmt die Zufriedenheit noch nicht ab. So wie bei meiner Mutter, die mir in unserem letzten Gespräch wenige Stunden vor ihrem Tod sagte: „Es war gut", und deshalb darf es auch vorbeigehen. Der Rest liegt in Gottes Hand.

Gerade weil sie sich nach Stabilität sehnen, wollen die Menschen nicht, dass an den sozialen Sicherungssystemen gerüttelt wird – mit Ausnahme der Vorteile, in deren Genuss man selbst nicht kommt oder die deutlich missbraucht werden. In dieser Hinsicht sind viele „konservativ".

Deshalb ist die Berechenbarkeit von Politik so wichtig. Menschen akzeptieren auch schwierige politische Entscheidungen, solange sie konsequent sind. Führen diese noch zu Ergebnissen, klatschen sie sogar Beifall.

In der Politik gilt es, auf die Bevölkerung hin eine gute Mischung zu finden aus notwendigen Veränderungen, die man durchführen muss, und den hoffnungsvolleren Aussichten, die sich freilich aus den Reformen ergeben müssen – eine Mischung aus politischem Mut und „guten Nachrichten" auf etwas längere Sicht. Kippt das Gleichgewicht, wird man nicht wiedergewählt oder hinterlässt den Nachfolgern die Baustelle. Heute ist die Versuchung groß, auf „billige" Lösungen (in allen Bedeutungen dieses Wortes) zu verfallen, weil manche Politiker nicht glaubwürdig genug sind, um von der Bevölkerung Anstrengungen zu verlangen, oder weil die Regierenden spüren, dass es bereits so viele wirtschaftliche, persönliche und familiäre Unsicherheiten gibt, dass die Politik ihnen besser nicht noch weitere hinzufügt.

„Normen und Werte" oder „Rechte und Pflichten"

Die Debatte über „Normen und Werte" ist aus den Niederlanden nach Belgien herübergeschwappt. Sie war eine Reaktion auf die Auswüchse des Individualismus, die das Zusammenleben schwierig machten. Eine reglementierte, „versäulte" und sozial kontrollierte Gesellschaft brach in den Sechzigerjahren des vergangenen Jahrhunderts auf. „Vrijheid blijheid", jeder nach seiner Fasson – der Slogan fasst die Atmosphäre karikierend zusammen. Nach den Exzessen wuchs vor etwa zehn Jahren die Sehnsucht nach mehr Ordnung und Disziplin an den Schulen, nach anständigen Umgangsformen, nach weniger Duldungspolitik unter anderem in Sachen Drogen. Der Aufstieg von Pim Fortuyn veränderte die Gesellschaft fundamental, zusammen mit dem Unbehagen in Sachen Zuwanderung. Die Morde an Pim Fortuyn und Theo van Gogh konfrontierten die Niederlande mit sich selbst. Was ist aus uns geworden? Wo wollen wir als Gesellschaft hin?

Das Gleichgewicht zwischen Autoritäten und Freiheit ist ein ebenso durchgängiges Problem wie das zwischen Ich und dem/den Anderen. Viele reagieren asymmetrisch: Eltern verlangen von der Schule eine Disziplin, die sie zu Hause nicht fordern. Die Regierung muss gegen Ordnungswidrigkeiten vorgehen, wenn Leute ihren Müll einfach auf die Straße werfen, während andere Bürger es nicht so genau nehmen, wenn es um die Verkehrssicherheit oder ganz allgemein um die Straßenverkehrsordnung geht. Die Folge ist eine Verstärkung des Kontrollapparats an allen Stellen und eine Überflutung der Gerichte mit Ordnungswidrigkeiten und kleinen Verstößen. Solidarität beginnt bei der Verantwortung, die jeder für den Anderen hat. Oft wird sie als eine Art nobles Gefühl für Menschen in Not verstanden, doch appelliert sie zu wenig an den Einsatz jedes Einzelnen.

Die Alternative zu einem Mangel an Respekt ist, wie gesagt, stärkere Kontrolle und mehr Polizei. Überwachungskameras in Zeitschriftenläden, findige Diebstahlsicherungen in Warenhäusern, Alarmanlagen in Autos, Kameras im öffentlichen Raum, Dopingkontrollen, die Strafverfolgung abwesender Wahlhelfer und so weiter. Polizei und Justiz kommen nicht hinterher. Ein Klima der Straflosigkeit verfestigt sich, was zu einem weiteren Verwischen der Normen führt, aber auch zu einer Art stillen Revolte der Opfer („das muss sich ändern").

Respekt ist das erste Wort, um die Balance zwischen „Mein und Dein", zwischen (meinen) Rechten und Pflichten (dem Anderen gegenüber) wiederherzustellen. Das ist ein Anfang, bleibt aber recht passiv. Als meine Partei das Wort im Jahr 2004 erstmals in den politischen Diskurs einbrachte, hielt ich das für eine gute Entscheidung, weil es sich um ein doppelsinniges Wort handelt! Die meisten Menschen fordern schließlich Respekt von anderen ein, ohne ihn sich selbst abzuverlangen. Wer jedoch respektiert wird, ist leichter bereit, auch zu respektieren. In diesem Sinne ist die Doppelsinnigkeit nicht so schlimm. Wird Respekt jedoch im richtigen Sinne geübt, bedeutet er einen Schritt in Richtung einer größeren Verantwortung – das ist schon aktiver –

und führt zu mehr menschlicher Wärmer, in der das aktive und das passive Element aufgehoben sind.

Es gehört zum guten Ton, auf die Frage, ob der Egoismus zunehme, zu antworten, dass es noch immer viel uneigennütziges Engagement gibt, dass dieses Engagement aber anders aussehe als „früher". Davon zeugen die vielen Freiwilligen im immer noch reichen Vereinsleben. Wer in der Politik aktiv ist, eignet sich besser als irgendjemand sonst dafür, diese Feststellung zu bestätigen – und sei es nur, weil er auf so vielen Veranstaltungen zugegen ist. Und dennoch geht der Trend zurück.

Die familiäre Instabilität bringt auch mehr Stress, mehr Misstrauen mit sich; sie sorgt für ein schlechtes zwischenmenschliches Klima und sogar für eine Zunahme der Aggressivität. Weniger Gesellschaft also.

Die Individualisierung kommt auch in Kleinigkeiten zum Ausdruck. So hat die Verbindlichkeit der Rechtschreibung abgenommen – bis hin zur Abwesenheit von Grammatik in der SMS-Sprache. „Es kommt nicht so drauf an." Jeder schreibt wie er will. Die Ehrfurcht vor Konvention und Tradition ist kein Argument mehr, im Gegenteil. Vergangenheit und Zukunft erliegen in der Postmoderne dem „Hier und Jetzt".

Normen und Werte verweisen zu stark auf etwas über dem und außerhalb des Menschen. Deshalb ist es klüger, bei den Rechten und Pflichten zu beginnen, die sich an die Verantwortung des Einzelnen richten und mehr mit der Innerlichkeit zu tun haben als mit Ge- und Verboten. Vielleicht enthalten auch die Rechte und Pflichten einen inneren Bezug zu Werten, die weitergegeben werden.

Die Politik jagt den Tatsachen oft hinterher. Im Allgemeinen folgt sie oft nach und führt selten an. In einer politischen Demokratie mit ihren wechselhaften Wählern kann es das politische Fortbestehen gefährden, zu „führen". Deshalb handeln Regierungen oft „mit dem Rücken gegen die Wand" und „mit dem Abgrund vor Augen".

Die Politik besitzt auch nicht immer ausreichend moralische Autorität, um die Trendwende in den Herzen der Menschen zu mehr Respekt und Aufmerksamkeit füreinander zu bewerkstelligen. Tatsächlich hat keine „Autorität" mehr moralischen Kredit. Das sollte indes niemanden davon abhalten, zu sprechen und zu warnen. Die Bewegung muss jedoch von unten her kommen. Oft bricht eine Gegenbewegung auf, wenn die Unmöglichkeit einer bestimmten Lebensweise deutlich wird. Man denke nur an den „Weißen Marsch" (1996), der sich gegen Missstände in Justiz und Gesellschaft richtete, die nach der Dutroux-Affäre zutage getreten waren. Doch kann viel Zeit über solchen Veränderungen vergehen.

Das Dümmste, was man tun kann, ist systematisch allen Menschen nach dem Mund zu reden und den Eindruck zu vermitteln, man käme mit allen prima zurecht. Der Politiker, der vom Wähler abhängig ist, neigt leicht zu solchem Verhalten. Die andere Haltung ist die des Moralisierens. Die richtige Haltung ist eher *show not tell* oder einfach zu sagen, was man darüber denkt, wie Menschen am besten zusammenleben sollten oder am ehesten glücklich sein können. Es muss nicht aufdringlich sein, zu sprechen.

Am einfachsten ist es, das Schwinden unserer Normen und Werte den Fremden aus den arabischen Ländern und Osteuropa anzulasten. Das Problem ist genauso eines der angestammten Bevölkerung, auch wenn es sich da vielleicht noch nicht in kriminellen Handlungen manifestiert.

Eine weitere falsche Haltung ist die, Anstand und Höflichkeit als elitäres Gehabe oder Snobismus abzutun. Oder, noch schlimmer, als Heuchelei. Natürlich ist „Kultur" etwas Gegen-„Natürliches". Kultur bedeutet, die menschliche Natur, die dazu neigt, auf sich selbst zuerst zu schauen, zu mäßigen oder zu kanalisieren. „Bürgerliche Tugenden" oder „gute Manieren" waren einst auch für das „Volk" wichtig.

Eine andere falsche Auffassung ist die Banalisierung des Lebensrhythmus. Das Leben braucht Ordnung, Rituale. Letztere zeichnen einige Tage in der Woche oder im Jahr aus. Sie verweisen auf Tatsachen oder Werte, die einer Gruppe von Menschen gemeinsam sind, zu der man gehört. So war der Sonntag der „Tag des Herrn", an dem man in die Kirche ging und „Sonntagskleidung" anlegte. Es war nicht ein Tag für uns selbst, sondern für den anderen. Selbst in der säkularisierten Gesellschaft ist es wichtig, dass der Sonntag kein Tag wie jeder andere ist. Es soll ein Tag der Langsamkeit sein, der Familienmahlzeit, der Aufmerksamkeit für die Familie und für andere, ein Tag der Unbesorgtheit gegen den Stress des Alltags. Postmoderne und Ökonomismus möchten diesen Tag zu einem gewöhnlichen machen, an dem so viel wie möglich konsumiert werden kann. Ein anderes Beispiel sind Trauer und Begräbnis. Sie brauchen nicht verkürzt und verborgen zu werden. Respekt vor den Toten und Rituale stehen im Widerspruch zu Nivellierung. Rituale geben auch Halt und Stabilität – genau das, was viele brauchen, die von Unbeständigkeit umgeben sind.

Dass wir eine Wende im Umgang mit Rechten und Pflichten brauchen, wenn wir nicht in Verrohung, Streit, Aggression und Gewalt verfallen wollen, ist deutlich. Vorbilder aus dem Ausland verdienen es nicht, nachgeahmt zu werden.

Ich sprach darüber als CVP-Vorsitzender vor vierzehn Jahren mit König Boudewijn. Als wir nach draußen gingen, standen wir uns Auge in Auge gegenüber. „Wer soll die Botschaft verkünden?", fragte er mich. Ich schwieg eine ganze Weile und antwortete dann, dass es der König sei, der sprechen müsse. Er war ein gutes Beispiel für moralische Autorität. Das mussten selbst die Gegner der Monarchie anerkennen. Die Reaktionen der Massen nach seinem Tod 1993 zeugten vom spontanen Respekt, den man einem Menschen entgegenbrachte, der stets auf die „Anderen" hin gehandelt hatte. Das Ansehen eines Spitzenpolitikers ist natürlich viel anfälliger, weil er täglich schwierige Entscheidungen treffen muss, für die er Verantwortung trägt, doch auch ein Staatsoberhaupt kann sich in Protokoll und Banalität flüchten. Es geht auch anders.

Diese Rolle können alle einnehmen, die potenziell Vorbildfunktion haben, vor allem Väter und Mütter. Sie müssen nicht so sein wie ihre Kinder. Schon wenn man diese Rolle ausfüllt, führt das zu einem ruhigen Gewissen. Doch müssen wir uns täglich fragen, ob wir Vorbild für uns selbst sind.

Optimismus oder Hoffnung

Als ich 1979 mein erstes Buch veröffentlichte, *De kentering der tijden* („Die Zeitenwende"), bezeichnete man mich als (Kultur-)Pessimisten. Ich schrieb damals über den aufkommenden Individualismus und über den bevorstehenden Zusammenbruch der heimischen Wirtschaft. Das war damals nicht „politisch korrekt". Die wirtschaftlichen Probleme wurden von linken Bewegungen und Parteien ignoriert, bis 1981 Börse, Staatshaushalt, Zahlungsbilanz und Arbeitsmarkt zusammenbrachen. Indem man zu lange mit dem Eingreifen gewartet hatte, hatte man die Probleme nur vergrößert. Wer die Krise voraussah, war ein „Pessimist"! Die Verteidiger des Emanzipationsgedankens andererseits lagen auf der Lauer, um jeder Rückkehr zur überwundenen „engen" Gesellschaft den Weg abzuschneiden. Wer den Individualismus kritisierte, galt als Nostalgiker. Überflüssig zu sagen, dass diese These heute überholt ist. Im Gegenteil: Seit den Erfolgen der extremen Rechten sieht man die „Ich"-Kultur als eine der Ursachen von Aggression, Intoleranz und Gewalt an. Ich habe nicht immer recht, aber das musste ich mir vom Herzen schreiben.

Optimismus und Pessimismus indes sind recht oberflächliche Beschreibungen von Menschen und Befindlichkeiten. Es geht mehr um Stimmungen als um durchdachte Visionen. In der Postmoderne haben sie sich jedoch zu ideologischen Begriffen entwickelt. Es gibt eine Art Pflicht, Optimist zu sein. Hört man in Radio oder Fernsehen die Lebensgeschichten von Künstlern oder berühmten Flamen, fallen Worte auf wie „toll", „genießen", „fantastisch", „super" und dergleichen mehr. Das Leben ist ein Fest. Untergründig setzt man sich so ab von der bürgerlichen und christlichen Kultur der „Pflicht", der „Disziplin" und der „Anstrengung". Niemand soll einem den Spaß verderben. Und doch sind die Zahlen von Selbstmord, Depression, Stress, Verzweiflung und Gewalt abnorm hoch. Die Hiphop-Kultur hat etwas Infantiles. Ein Sich-Wälzen in Sorglosigkeit.

Wer die Analyse weiter treibt, entdeckt ein „aufgeklärtes" postmodernes Menschenbild eines Individuums, das rational denkt, Entscheidungen nach Abwägung trifft, keiner Autorität unterworfen ist, dank seines inneren Gleichgewichts die Spreu vom Weizen scheidet, selbstständig genug ist und kaum beeinflussbar, das mit seiner Endlichkeit leben gelernt hat. Viele Anhänger dieses Menschenbilds schrecken vor einer Gesellschaft zurück, die von Ängsten geprägt und ratlos ist. Sie hatten nicht mit dem Irrationalen im Menschen gerechnet, mit Menschen, die ein Bedürfnis nach Halt haben. Eine falsche Sicht des Menschen kann eine Gesellschaft aus den Angeln heben. Die Niederlande sind hierfür ein gutes Beispiel. Die jahrzehntelange Kultur der Duldung und des Abbaus der Obrigkeit hinterlassen eine „übersäuerte" Gesellschaft.

Jener unreflektierte Optimismus in Bezug auf den Menschen ging hier und da mit einem extremen Pessimismus in Bezug auf „das System" einher. Die Grünen waren und sind pessimistisch, was das Überleben unseres Planeten betrifft, und das nicht ganz zu Unrecht. Sie glauben nicht, dass die Lösung für dieses Problem in den freien Kräften des Marktes liegt. Im Gegenteil, dieses System ist in ihren Augen das Problem. Auf der individuellen Ebene befürworten ökologisch ausgerichtete Zeitgenossen ein „Vieles ist möglich und Vieles darf auch sein". Menschen müssen sich in frei verfassten Verbänden und Gruppen außerhalb der klassischen Familie und der etablierten Mitte zusammenfinden, um der Kälte und Härte des Marktes die Stirn zu bieten. Die klassische Linke andererseits ist schon seit hundert Jahren entweder Dulderin oder „kühler Liebhaber" der Marktwirtschaft und sperrt sich gegen „bürgerliche Lebensformen". Doch in den letzten Jahren stoßen wir immer stärker an die Grenzen der libertären Lebensauffassung, und seit zwanzig Jahren wird uns die Kontingenz einer regulierenden Obrigkeit immer stärker bewusst. „Postmodern" heißt darum nicht zeitgemäß!

Die Linke begrüßte auch die multikulturelle Gesellschaft enthusiastisch. Diese Offenheit sollte sich abheben von der geschlossenen, engen christlichen Gesellschaft. Man warb um Verständnis für das Kopftuch und für den Ramadan, während christliche Bräuche ignoriert oder lächerlich gemacht wurden. Deshalb war der 11. September ein so großer Schock. Es stellte sich heraus, dass die politisch dominierende Strömung des Islam nicht offen und tolerant war. Im Gegenteil, sie missbrauchte die „offene" Herangehensweise des Westens. Auch hier setzte also Ernüchterung ein. „Zum Glück" kam es zu der tragischen Irak-Verirrung von George Bush jr., so dass der „Krieg gegen den Terror" zur noch größeren Gefahr ausgerufen werden konnte, als es der Terrorismus selbst war.

Eine multikulturelle Gesellschaft braucht ein Fundament aus gemeinschaftlichen Werten, eine Kultur der Rechte und Pflichten, der Gegenseitigkeit in der Ablehnung von Diskriminierung, und sie braucht echten Dialog. Multikulturalität ist ein Verb, ein Tun-Wort. Sie stellt sich nicht von selbst ein. Naiver Optimismus in Bezug auf unsere Gesellschaft führt zum gegenteiligen Resultat: Misstrauen und Gewalt.

Das klassische Menschenbild ging von einer Trias aus, einer Kombination aus Verstand, Herz und Charakter. Gerade die disziplinierenden Faktoren gerieten jüngst in Vergessenheit. Charakter steht auch für Anstrengung, manchmal gegen die spontanen Neigungen des „Ich" – nicht im Sinne eines Wegschiebens des „Selbst", sondern der Selbstsucht. Charakter steht hier auch für Verantwortung, welche die Freiheit des Individuums einschränkt.

Optimismus und Pessimismus sind also Bezeichnungen, die entweder zu oberflächlich oder zu ideologisch sind. Die Antwort wird manchmal formuliert als „Realismus" und „Voluntarismus". Das ist genauso oberflächlich. „Realismus" oder Pragmatismus ist eine Lebenseinstellung, die rasch in den Opportunismus führt. Der Pragmatiker schätzt die bestehenden Machtverhältnisse ein, will sie aber nicht selbst entscheidend verändern. Er schwimmt mit dem Strom. Der Realist wiederum steht im Widerspruch zum Träumer, zum Idealisten – ein Wort, das beinahe aus unserem Wortschatz verschwunden ist. Der Idealist wird oft mit jemandem gleichgesetzt, der gesellschaftlich unangepasst ist. Oder er wird als Träger einer „geistlichen Botschaft" ausgemacht, der auf gefährliche Weise entgleisen kann. Dennoch hat der Idealist eine Neubewertung verdient. Er steht im Dienste eines Mehr, einer Sache, die ihn übersteigt. Ein Idealist muss kein Heiliger oder Fanatiker sein. Er kann eine treibende Kraft in der Gesellschaft darstellen. In diesem Zusammenhang habe ich eine seltsame Erfahrung gemacht: Für gewöhnlich ist man in seinen jungen Jahren Idealist und entwickelt sich durch die Wahrnehmung beruflicher und politischer Verantwortung zum „Realisten". Ich gehe in gewissem Sinne den umgekehrten Weg: Ich ende als jemand, der sich mit einem andauernden Gefühl der Unzufriedenheit nach etwas Anderem und Besserem sehnt. Allerdings traue ich mich vor mir selbst nicht mehr, das Idealismus zu nennen!

Der Voluntarist wäre also weder Optimist noch Pessimist. Er ist kein Mann des Könnens, sondern ein Mann der Tat. *No-nonsense.* Kein Gejammer! Er löst Probleme und räumt Hindernisse aus dem Weg. Er führt, wo andere zögern. Aber wohin?

Was unsere Gesellschaft und die Menschen, die Teil von ihr sind, am meisten brauchen, ist Hoffnung. Es gibt viel stille Verzweiflung. Es geht nicht um Hoffnung als *Deus ex machina*, um jemanden oder etwas, das deine Probleme an deiner Stelle löst, als seien sie eine Illusion, eine Wahnvorstellung. Doch enthält Hoffnung auch das Zählen auf andere, weil wir allein wenig vermögen. Hoffnung hat auch eine stärker geistige Dimension als Optimismus, der etwas Launenhaftes hat. Hoffnung zielt eher auf die Zukunft ab. Wer hofft, weiß, dass es Hindernisse gibt, aber dass die Dinge schließlich gelingen oder besser gehen werden, wenn man zusammenarbeitet. Hoffen ist eine grundsätzliche Lebenseinstellung, die weiter reicht als Fakten oder Ereignisse. Der Mensch, der hofft, engagiert sich auch. Der Verzweifelte ist gelähmt, der Optimist rasch enttäuscht. Wer hoffnungsvoll ist, hält durch.

Hoffnung kann durch den Tod zerschlagen werden. Echte Hoffnung geht über den Tod hinaus, weil die Arbeit fortgesetzt wird, weil man weiterlebt in seinen Kindern oder weil das eigene Leben auf eine Weise nicht endet, die einem selbst verborgen und geheimnisvoll ist. Hoffnung übersteigt die Vernunft.

Das Bild vom Christen, der das „Hier und Jetzt" vernachlässigt und sich vor allem auf das Jenseits hin orientiert, steht in deutlichem Widerspruch zu den Tatsachen. Es sind gerade die Menschen mit einer Überzeugung, sei sie religiös oder nicht, die sich am stärksten freiwillig engagieren. Alle soziologischen Untersuchungen kommen zu diesem Ergebnis. Hoffnung entspringt aus der Transzendenz einer Religion oder Ideologie.

Glück stellt sich nur ein, wenn man eine hoffnungsvolle Grundhaltung hat. Diese Grundhaltung hält stand im Angesicht von Krankheit, Leid, Tod und tiefer Trauer. Ohne diese Grundhaltung kann man Glück haben oder Pech; glücklich sein kann man nicht.

Sachbücher bei Butzon & Bercker in Auswahl:

LEONARDO BOFF
Tugenden für eine bessere Welt
352 Seiten, ISBN 978-3-7666-1285-4

INGE DEUTSCHKRON
Überleben als Verpflichtung
Den Nazi-Mördern entkommen
240 Seiten, ISBN 978-3-7666-1398-1

HANS KESSLER
Evolution und Schöpfung in neuer Sicht
221 Seiten, ISBN 978-3-7666-1287-8

MARTIN LOHMANN
Das Kreuz mit dem C
Wie christlich ist die Union?
202 Seiten, ISBN 978-3-7666-1242-7

HANS MAIER
Mit Herz und Mund
Gedanken zur Kirchenmusik
231 Seiten, ISBN 978-3-7666-1318-9

ALOIS SCHIFFERLE
Die Pius-Bruderschaft
399 Seiten, ISBN 978-3-7666-1281-6

HANS-RÜDIGER SCHWAB (HG.)
Eigensinn und Bindung
Katholische deutsche Intellektuelle im 20. Jahrhundert. 39 Porträts
812 Seiten, ISBN 978-3-7666-1315-8

REINER SÖRRIES
Ruhe sanft
Kulturgeschichte des Friedhofs
331 Seiten, ISBN 978-3-7666-1316-5